"全国爱国主义教育示范基地巡礼"系列图书

八七會議會址

**BAQIHUIYI HUIZHI
JINIANGUAN**

纪念馆

本书编写组 ———— 编

学习出版社

编纂委员会

目　录

◀ **特色活动**

基地简介

八七会议会址纪念馆位于湖北省武汉市汉口鄱阳街，依托八七会议旧址而建，是 1920 年英国人建造的一排俄式公寓，时称"怡和新房"。新中国成立后，八七会议会址恢复原貌并建立纪念馆，1978 年 8 月 7 日正式对外开放。1980 年 5 月，邓小平同志在北京题写馆名"八七会议会址"。

一、八七会议

（一）八七会议的历史转折意义

1927 年，蒋介石、汪精卫先后背叛革命，大革命失败，中国革命处在危急关头。为了审查和纠正党在大革命后期的严重错误，决定新的路线和政策，中共中央于 1927 年 8 月 7 日在汉口原俄租界三教街 41 号（现鄱阳街 139 号）召开了中央紧急会议（由于出席会议的中央委员不到半数，既不是中央全会，也不是中央政治局会议，故称中央紧急会议）。根据《"八七"中央紧急会议记录》记载，参加会议的正式代表共 21 人：中央委员李维汉、瞿秋白、张太雷、邓中夏、任弼时、苏兆征、顾顺章、罗亦农、陈乔年、蔡和森；中央候补委员：李震瀛、陆沉、毛泽东；中央监察委员：杨匏安、王荷波；军委代表：王一飞；青年团代表：李子芬、杨善南、陆定一；湖南代表：彭公达；湖北代表：郑超麟；共产国际代表罗米那兹及其助手牛曼参加会议，邓小平作为中央秘书参加了会议。

会议由瞿秋白、李维汉主持。在极其险恶的环境下，会议只召开了 1 天。共产国际代表罗米那兹作《党的过去错误及新的路线》的报告和结论，瞿秋白代表中共中央常委会作将来工作方针的报告。许多同志发言批评中共中央在处理国民党问题、农民土地问题、武装斗争问题等方面的右倾错误。有的同志还批评了苏联顾问、共产国际代表的一些错误。

会议通过《中国共产党中央执行委员会告全党党员书》等文件，要求坚决纠正党在过去的错误，号召广大党员和革命群众继续战斗。会议在着重批评大革命后期以陈独秀为首的中央所犯的右倾机会主义错误及其他错误时指出：一是中央在同国民党的关系问题上，完全放弃共产党独立的政治立场，实行妥协退让政策；二是在革命武装问题上，中央始终没有想着武装工农的必要，没有想着造成真正革命的工农军队，甚至主动下令解散工人纠察队；三是中央没有积极支持和领导农民革命运动，而受国民党领袖恐吓犹豫的影响，不能提出革命的行动政纲来解决土地问题；四是中央不受群众的监督，党内缺乏民主生活。《中国共产党中央执行委员会告全党党员书》宣告："我们党公开承认并纠正错误，不含混不隐瞒，这并不是示弱，而正是证明中国共产主义运动的力量。"毛泽东在发言中批评了陈独秀不做军事工作的错误，提出了"以后要非常注意军事，须知政权是由枪杆子中取得的"著名思想。会议确定了实行土地革命和武装起义的方针，提出了整顿队伍、纠正错误而"找着新的道路"的任务，并选出以瞿秋白为首的新的中共中央临时政治局。

在中国革命处于严重危机的情况下，八七会议的及时召开为挽救党和革命作出了巨大贡献。中国革命从此开始由大革命失败到土地革命战争兴起的历史性转变。

八七会议以后，中央临时政治局迅速发出了《中央通告第一号》《中央通告第二号》，要求各级党组织迅速将会议精神传达到全党，并派了一些同志，特别是亲自参加了八七会议的同志到各地进行传达、指导。如毛泽东以中央特派员身份到湖南传达八七会议精神，改组省委，领导秋收起义；派中央临时政治局候补委员张太雷出任广东省委书记。各地党组织先后在湖南、湖北、广东、江西、江苏、河南、河北、陕西等省部分地区发动了武装暴动。在湖南，有湘赣边界的秋收起义。在湖北，有蒲圻、咸宁、公安、石首、松滋、沙市、通城、通山、崇阳、孝感、麻城、黄安等地的起义。在广东，有广州起义和海陆丰起义。在江西，有修水、德安、星子、都阳、弋阳、横峰、万安等地的起义。在江苏，有宜兴、无锡、江阴、崇明等地的起义。在河南，有光山、四方山等地的起义。在河北，有玉田等地的起义。在陕西，有清涧等地的起义。在海南岛，有琼崖起义。

（二）八七会议会址确定

关于八七会议召开的会址，是经过很长一段时间的考证才最终确定的。20 世纪 50 年代，社会上曾流传八七会议是在江西九江召开的说法。1958 年，周恩来在回答夏衍关于八七会议会址的问题时，曾专门作了解释："当时说在江西九江召开，是为了给汉口开会作掩护。"历史也证明八七会议根本不是在九江召开的，因为八一南昌起义以后，不可能再去九江开会。据《1927 年 8 月 7 日中央紧急会议文件小引》载："因为时局紧张，交通不便，不但北方、上海、广东等地方代表来不及召集，也不能到会，等到 8 月 7 日，到会的只有当时在汉（武汉）的中央委员、中央监察委员、中央候补委员、青年团中央委员及湖北、湖南、上海代表和共产国际代表。"

1959 年，湖北省文管会接到国家文物局转来周恩来关于八七会议召开于汉口的通知后，立即组织专人进行八七会议会址的调查工作，在访问了杨之华（瞿秋白的夫人）和杨保青（杨之华的弟弟，当年在武汉曾帮助中共中央领导机关租房子）后得到一条重要的线索：当年，周恩来、瞿秋白、李维汉、邓小平曾先后在汉口天津路德林公寓 2 号（现天津路 46 号）居住过，而八七会议会址是在惠罗公司附近。

1966 年 2 月初，陆定一在武昌东湖宾馆回忆说："八七会议是在汉口一个苏联人拉祖莫夫家召开的，会址在惠罗公司隔壁二楼。"2 月 13 日，陆定一在省博物馆同志的陪同下，亲赴汉口实地确认会址。他站在汉口鄱阳街与黎黄陂路交叉处一栋面朝东南的大楼前说："这就是惠罗公司。"这幢楼房有 6 个单元，每个单元有左右两个门，可直接通向二楼。他顺着惠罗公司排查了 3 个单元。其中第二个单元（鄱阳街 139 号）是启星照相馆的营业室，当他看到这个房间时肯定地说，这里就是当年召开八七会议的会址。

1971年9月，李维汉也接受了采访，并亲自写了回忆材料："我是1927年6月下旬到的汉口，对武汉的街道不熟悉。对于八七会议会址，我的印象有三：第一，会场设在一栋三层楼的二楼。第二，这栋房子不是单独存在，它是夹在朝着大江一排房子的中间。第三，瞿秋白的住宅离会址不远，八七会议那一天我从瞿宅出来步行到会址，所以觉得两个地址相距很近，都在一个租界上。"

与此同时，武汉市文物部门为了弄清会址的基本情况，拟了一份征集提纲送到中共中央办公厅，希望通过邓小平来了解那段历史。1972年9月，远在江西省新建县的邓小平收到中共中央办公厅转来的这份提纲。9月22日，邓小平亲笔写了一份回忆材料回答所提问题。在这份材料里他回忆了参加会议的有哪些人，会议由谁主持，主要内容是什么等问题。

这样，通过参加八七会议的代表李维汉、陆定一、邓小平3人的回忆，基本上能够确定会议是在汉口鄱阳街139号的二楼召开的。通过反复的实地考察确认，八七会议会址就这样确定下来了。

1978年，武汉市文物部门为了更准确地再现八七会议的历史，将拟复原开放的会场拍成照片，送请邓小平进行审定。同年3月25日，时任武汉市革命委员会副主任兼文教办主任的邓垦向筹备八七会议会址纪念馆的工作人员转达邓小平对复原陈列方案的意见。邓垦说："昨天我见到小平同志，请他看了八七会址复原的照片。根据他的回忆，参加八七会议的人员是分3批进入会场，由交

20世纪80年代的八七会议会址纪念馆大门

通员带进去的，一次不能人多。办事的少数人去得最早，走得最晚。他是最先去，最后走的。到会只有 20 多人。他说当时武汉是大热天，都睡地铺，开会时甚至连门都不能开，进去了就不能出来。他强调说，搞这个纪念馆就是为了革命传统教育，宣传会议解决了什么问题，完成了什么历史任务。复原要体现当年艰苦奋斗的精神。"邓垦还转达了邓小平对会场布置的桌子、凳子等具体问题的意见。随后，武汉市文物部门根据邓小平的回忆并参考其他当事人的记忆，进一步修改、完善和复原了会场，同时还遵照邓小平关于办纪念馆的指示精神，举办了八七会议辅助陈列。

二、八七会议会址纪念馆基地简介

（一）纪念馆发展概况

八七会议会址纪念馆依托八七会议旧址而建，是 1920 年英国人建造的一排俄式公寓，时称"怡和新房"。1978 年 8 月 7 日，正式对外开放。1980 年 5 月，邓小平在北京为纪念馆题写馆名"八七会议会址"。

纪念馆为公益一类副处级事业单位，现隶属于武汉市文化和旅游局。2016 年经武汉市委机构编制委员会批复，设 3 个内设机构：

八七会议会址纪念馆

文物保管陈列部；宣传教育部；办公室。核定事业编制 15 名。核定单位正职领导职数 1 名，副职领导职数 2 名。内设机构领导数为 3 正 1 副。经费形式为财政全额拨款。

纪念馆的办馆宗旨和业务范围包括收藏文物，弘扬民族文化；文物征集、鉴定、登编、修复、保管；文物展览、文物复制与修复；文物及相关的研究；文物宣传出版等。纪念馆成立至今，分别于 2001 年、2011 年历经了两次扩建，从原来的 3 个单元扩展成 6 个单元，建筑面积扩展到 3036 平方米，陈列展览呈现出了新的面貌，安保消防等设施也得到改善，接待能力大大增强。与此同时，纪念馆的陈列展览也在不断地提升，1980 年纪念馆第一次改陈，调整了会场复原的位置，更加准确地反映了历史的痕迹；1997年第二次改陈，将一直沿用了20年的"陈独秀右倾投降主义错误"修改为"陈独秀为代表的右倾机会主义错误"；2001年第三次改陈，以充实修改为主，征集了一批珍贵文物资料，广泛吸收学术成果；2011年第四次改陈，对纪念馆进行了全面的提升，补充陈列内容、征集文物、开展社会教育活动、增加电子设备，这时的八七会议会址纪念馆已经成为红色文化传播的重要窗口，武汉市重要的红色旅游资源，各单位开展党课教育的重要基地。

随着纪念馆的不断发展，收获了一些荣誉和奖励：1982年被国务院公布为第二批全国重点文物保护单位。2001年被中宣部命名为"全国爱国主义教育示范基地"，被团中央命名为"全国青少年爱国主义教育基地"。2004年被国务院列为"全国百家红色旅游经典景区"。2016年入选由人民日报社、中央党史研究室（现中央党史和文献研究院）、全国红色旅游工作协调小组办公室主办的"我最向往的党史纪念地"名单。2020年被中国博物馆协会公布为第四批国家三级博物馆。2021年入驻人民网、中国传媒大学共同主办的公益展播"红色云展厅"；荣获文化和旅游部资源开发司与中国青年报社主办的"红色旅游进校园"案例作品征集展示活动优秀案例；获评中国儿童中心、全国少年儿童"双有"主题教育活动组织委员会颁发的建党百年"红色基因代代传"百馆百讲少年儿童讲述党史故事活动优秀组织单位；荣获由中央网信办网络传播局指导，中共江苏省委网信办、现代快报社主办的"红色文化传播奖"。

2022年"百年征程 初心如磐——中国共产党成立100周年主题献礼活动"荣获由国家文物局、中国文物报颁发的第三届（2021）全国革命文物保护利用优秀案例。2023年荣获"第二届全国文博百强文创产品单位"；入选长江主题国家级旅游线路；在第三届"红色基因代代传"百宫千馆万校少年儿童讲述红色故事活动中获得3个奖项；入选以革命文物为主题的"大思政课"优质资源精品项目名单；入选第五批湖北省全民国防教育基地。

（二）纪念馆研究成果及所获荣誉

1. 出版书籍

学术研究在八七会议会址纪念馆的科学发展中起着重要作用，大到在办馆方向上对党的方针政策的执行和落实、对当下社会热点和社会文化的理解和把握、对办馆思路的拓展和管理模式的优化，小到馆藏文物的整理和研究、陈列方案的编写和设计、讲解服务的提高和完善、学术刊物的编印和研究课题的申报，这些都需要学术研究强有力的支撑和保证。

近年来，纪念馆深耕学术研究，出版了图书《星火相传 历史见证——八七会议集撷》《光影留痕——八七会议会址纪念馆藏品图鉴》《薪火相传——武汉市文博事业70年展览解读》《新时代·传新声——八七会议会址纪念馆助力红色文化发展纪实》《八七会议会址保护修缮工程研究》《守正传承 创新前行——

八七会议会址纪念馆工作纪实》等书籍。从文物藏品、文博发展、社会教育活动、保护修缮等方面全面总结了纪念馆的工作和亮点，梳理了纪念馆过去的成绩，也为未来前行的方向指明了道路。

2. 发表论文

论文发表方面，纪念馆工作人员利用空闲时间，笔耕不辍，及时关注文化文博领域的研究热点，在专业期刊上公开发表论文15篇。

序号	发表时间	文章名称	期刊名称	作者
1	2018年3月	《简议中国博物馆发展推广方向》	东方教育	张亚娟
2	2018年7月	《浅谈现代博物馆建设》	成长	张亚娟
3	2018年11月	《红色文化资源在高校思想政治教育中的价值和实现》	学校党建与思想教育	王 玲 陈昱霖
4	2018年11月	《互联网下的博物馆建设》	文化研究	余思哲
5	2019年9月	《浅谈革命文物保护利用》	文物鉴定与鉴赏	马 超
6	2020年3月	《"微信+二维码"导览在中小博物馆展览信息服务中的应用》	人文之友	马 超
7	2020年7月	《浅析新媒体在文化宣传中的运用》	文存阅刊	荆 菁
8	2020年7月	《八七会议会址纪念馆：见证红色党史 传承革命精神》	文化月刊	王 玲
9	2021年1月	《八七会议会址纪念馆》	档案记忆	赵 丽
10	2021年2月	《八七会议代表任弼时及其背后的故事》	武汉文史资料	汪孟旋
11	2021年第1期	《镌刻红色记忆 开启新的征程——八七会议会址纪念馆扩馆改陈纪实》	武汉文史资料	张 晶

续表

序号	发表时间	文章名称	期刊名称	作者
12	2021 年 2 月	《见证红色历史　承载深切关怀——八七会议会址纪念馆馆标背后的故事》	江城遗珍	张　晶
13	2021 年 11 月	《关于发挥博物馆在文博事业的价值探析》	文学天地	荆　菁
14	2023 年 8 月	《八七会议生动演绎伟大建党精神》	档案记忆	汪孟旋
15	2023 年 9 月	《革命遗址红色资源的挖掘利用与传承保护——以八七会议会址纪念馆为例》	革命遗址与红色文化传承研讨会论文集	赵　丽　曾宪松

3. 所获荣誉

国家级

序号	级别	颁发单位	时间	荣誉名称
1	国家级	人民日报社、中央党史研究室、全国红色旅游工作协调小组办公室	2016 年 7 月	"我最向往的党史纪念地"
2	国家级	中国博物馆协会	2020 年 11 月	"抗击新冠肺炎"团队特殊贡献奖
3	国家级	中国博物馆协会	2020 年 12 月	国家三级博物馆
4	国家级	文化和旅游部资源开发司与中国青年报社	2021 年 10 月	"红色旅游进校园"案例作品征集展示活动优秀案例
5	国家级	人民网、中国传媒大学	2021 年 10 月	入驻人民网、中国传媒大学共同主办的公益展播"红色云展厅"

序号	级别	颁发单位	时间	荣誉名称
6	国家级	中华人民共和国国史学会；中国儿童中心、全国少年儿童"双有"主题教育活动组织委员会	2021 年 10 月	建党百年"红色基因代代传"百馆百讲少年儿童讲述党史故事活动优秀组织单位
7	国家级	中央网信办网络传播局；中共江苏省委网信办、现代快报社	2021 年 10 月	作为助力短视频制作的 26 家红色场馆之一，荣获"红色文化传播奖"
8	国家级	国家文物局、中国文物报	2022 年 3 月 24 日	第三届（2021）全国革命文物保护利用十佳案例宣传推介活动中，纪念馆"百年征程　初心如磐——中国共产党成立 100 周年主题献礼活动"荣获全国革命文物保护利用优秀案例
9	国家级	中国博物馆、相关产品与技术博览会组委会	2022 年 9 月	第九届中国博物馆及相关产品与技术博览会"弘博奖"优秀展示奖
10	国家级	中华文物交流协会、中国文物报社	2023 年 1 月	第二届全国文博百强文创产品单位
11	国家级	中国儿童中心、全国少年儿童"双有"主题教育活动组委会	2023 年 7 月	第三届"红色基因代代传"百宫千馆万校少年儿童讲述红色故事活动优秀组织单位
12	国家级	国家文物局、教育部	2023 年 11 月	"八七红色教育课"系列课程入选以革命文物为主题的"大思政课"优质资源精品项目名单
13	国家级	文化和旅游部	2023 年 5 月	入选长江主题国家级旅游线路

省部级

序号	级别	颁发单位	时间	荣誉名称
1	省 级	湖北省博物馆协会	2020 年 12 月	"抗击新冠肺炎" 荣誉奖
2	省 级	湖北省军区、武汉警备区	2022 年 3 月 24 日	湖北省军区思想政治教育第一协作区
3	省 级	湖北省人民政府	2023 年 12 月	入选第五批湖北省全民国防教育基地

（三）爱国主义教育特色优势

作为全国爱国主义教育示范基地，八七会议会址纪念馆在对广大群众进行爱国主义和革命传统教育活动时，以毛泽东思想、邓小平理论、"三个代表"重要思想、科学发展观以及习近平新时代中国特色社会主义思想为指导，紧密围绕党中央有关路线、方针、政策，充分发挥自身优势，利用纪念馆历史内涵，高扬主旋律，不断丰富和创新教育形式，在弘扬与培育民族精神、传播爱国主义思想等方面发挥着不可替代的作用，有以下几个方面的特色优势。

1. 拓宽思路，丰富教育内容，加强爱国主义教育基地建设

革命纪念馆是文化教育的阵地，是传播精神文明的重要窗口，其基本陈列和临时展览，都是向广大群众进行宣传教育的载体，所以，办好能反映本馆特色的展览（基本陈列、专题陈列、临时展览），发挥自身优势，是进一步加强革命纪念馆的教育功能、服务于社会的重要环节。

近年来，八七会议会址纪念馆从吸引观众、强化优质服务、发挥教育功能入手，积极弘扬主旋律，在搞好馆内基本陈列的同时，借助重大历史事件和历史人物纪念日，举办了纪念五四运动90周年专题展《时代的丰碑》、纪念红军长征胜利70周年专题展《长征精神永存》、纪念邓小平同志诞辰100周年专题图片展《世纪伟人邓小平》、纪念毛泽东同志诞辰110周年专题图片展《毛泽东在湖北》和《红军不怕远征难——纪念红军长征胜利80周年》专题展等多个具有爱国主义和革命传统教育意义的展览，这些贴近时代、贴近现实、贴近群众的临时展览，不仅解决了基本陈列单一的问题，丰富了纪念馆的展览内容，还吸引了本地观众反复来馆参观，增加了观众量，扩大了宣传效果，累计观众超过百万人次。受到上级主管部门和社会各界的普遍好评，充分发挥了纪念馆以史育人的教育功能。

2. 抓住热点，配合形势，有针对性地开展教育活动

八七会议会址纪念馆有着自身的特殊性和政治性，这是革命纪念馆配合形势、配合中心工作、配合各种政治教育举办专题展览的优势。纪念馆非常珍惜这种有利条件和优势，经常主动与有关部门联系，适时推出主题突出、内容鲜明、形式生动活泼、具有针对性的专题展览。党的十八大以来，纪念馆紧紧围绕以习近平同志为核心的党中央治国理政思想，制作了《激扬正气定乾坤——全面从严治党永远在路上》专题展、《修身之本　为政之道　成事之要》专题展、《为民　务实　清廉——深入开展党的群众路线教育实践活动》专题展、《深入学习十八大会议精神　共同创造幸福美好未来》专题展等展览。展览推出后，受到广大党员特别是领导干部欢迎。参观展览成为党员教育实践活动的必修课，有力地推动了党的群众路线教育实践活动、"三严三实"专题教育以及全面从严治党的深入开展，大大提高了社会效益。2021年，八七会议会址纪念馆为庆祝中国共产党成立100周年，先后举办了《星火初燃　开天辟地——中国共产党建党百年特展》《信仰的力量——纪念陈望道同志特展》，通过图片和实物展品，使广大党员干部了解共产党创建的艰辛历程、如何做一个优秀的共产党员，激励他们不忘初心、牢记使命，以昂扬的姿态发奋工作。2022年举办《以史为鉴　开创未来——党的一大到十九大》展览，通过史料和影像资料展现中国共产党的光辉发展历程。2023年举办《历史的印记——纪念八七会议会址纪念馆建馆45周年文物藏品特展》，将纪念馆的馆藏文物以不同的方式进行展示，配合讲解员的讲解，让沉睡在文物库房里的文物真正活起来。

3. 发挥优势，扩大教育影响

近年来，八七会议会址纪念馆结合实际情况和展览特色，精心组织形式多样的教育活动，使广大群众和基层单位通过爱国主义教育基地这个载体，不但能看到内容丰富、形式生动的展览，而且能够开展一些其他形式的教育活动，以扩大教育影响。为了增强教育效果，纪念馆还结合特色展览举办系列活动，先后多次组织中共湖北省委党校等机关事业单位以及大中小学校等一些基层单位来到纪念馆，以纪念座谈会、现场教学的形式，开展纪念、教育活动，扩大和深化了展览的教育作用。八七会议会址纪念馆已经成为中共湖北省委党校的现场教学点。目前，与八七会议会址纪念馆共建的单位已有 70 余家，除中共湖北省委党校外，还包括中国人民解放军火箭军指挥学院（原第二炮兵指挥学院）、武汉大学、江汉大学商学院、湖北中医药大学中医临床学院、武汉市第十六中学、武汉关小学、一元路小学、鄱阳街小学、大兴第一实验小学、武汉市实验小学、刘俊礼仪学校等挂牌单位以及江岸区团委、一元街文明办、洞庭社区、江滩管委会、解放公园、中山公园、空军预警学院、国防信息学院、军事经济学院、湖北警官学院、湖北省警卫局、湖北大学、武汉市第二十一中学、武汉市第二十中学、武汉市实验中学、黄陂路小学、铭新街小学、惠济路小学、滑坡路小学、澳门路小学、沈阳路小学、三眼桥小学、长江日报社等。

4. 立足基层，服务观众，搞好宣传教育工作

办好流动展览，扩大社会教育职能，创造性地开展工作，是八七会议会址纪念馆宣传教育工作的宗旨。流动展览是开放式教育的一种表现形式，它具有其他展览形式所不能比拟的优势，在革命纪念馆的宣传教育工作中发挥着独特的作用。

举办流动展览，无偿送展到基层，是纪念馆几十年来始终坚持的优良传统，也是纪念馆自建馆以来长期坚持的一项重要工作。为了让更多的观众接受爱国主义、革命传统教育，把宣传教育工作做得生动活泼、有声有色，纪念馆先后到各地、市、县、乡、学校、军队、厂矿等基层单位巡展，受到基层单位的欢迎。流动展览巡回展出工作，加强了教育基地与广大群众的联系，使基地的影响范围和社会效益得到了巨大的延伸与拓展。除流动展览外，八七会议会址纪念馆牵头拍摄了首部由大学生主演的红色微电影《八七87》，目前已经走进武汉大学、中国共产党第一次全国代表大会纪念馆、瑞金中央革命根据地纪念馆等20余家单位巡展，开创了党史宣传教育的新方式。

红色微电影《八七87》

　　爱国主义教育示范基地承担着历史赋予的光荣使命，应不断创新展示内容和教育形式，进一步突出爱国主义、革命传统教育基地特点，努力做到思想性、教育性和艺术性的有机统一，使更多的人走进纪念馆，使文博事业更加贴近生活、贴近实际，更好地服务于广大观众。

主题内容

伟大的历史转折
——八七会议历史陈列

　　1927年大革命失败以后，国内的政治局势急剧恶化，中国革命面临严重的危机。为了挽救革命，中共中央于1927年8月7日在汉口召开了紧急会议，即八七会议。八七会议坚决纠正了党内的右倾机会主义错误，确定了土地革命和武装反抗国民党反动派的总方针，实现了由大革命失败到土地革命兴起的历史性转变。毛泽东同志"枪杆子里面出政权"的著名论断即源于此。展览一共分为4个部分：风云突变、力挽狂澜、星火燎原和八七会议会址复原陈列。

一、风云突变

（一）大革命高潮

1924 年至 1927 年，一场以推翻帝国主义在华势力和北洋军阀统治为目标的革命运动，似滚滚洪流席卷中国大地，人们通常把它称为"大革命"或"国民革命"。这时的各种革命力量，远没有统治着中国的帝国主义和封建势力强大。党认识到结成最广泛的统一战线的重要性，决定采取积极步骤去联合孙中山领导的中国国民党。

国民党第一次全国代表大会

1923 年中国共产党第三次全国代表大会召开，决定"共产党员以个人身份加入国民党"，实现国共合作。但这次会议没有明确革命领导权的问题。

1924 年 1 月，国民党第一次全国代表大会在广州召开，由孙中山主持。这次会议确定了联俄、联共、扶助农工的政策，国共合作统一战线正式形成。

五卅运动及《热血日报》

上海是当时帝国主义势力对华经济侵略的中心，也是中国产业工人最集中的地方。

1925年5月30日，上海工人和学生在租界的繁华街道上进行宣传讲演和示威游行，租界内的英国巡捕在南京路上先后逮捕100多人，并突然向密集的游行群众开枪射击，当场打死13人，伤数十人，制造了震惊中外的五卅惨案。五卅运动的爆发标志着大革命高潮的到来。

在中国共产党的领导和推动下，以上海为中心的五卅运动席卷全国，形成了一场全国规模的反帝运动。五卅惨案的消息传到南方，香港和广州租界20万工人举行声势浩大的省港大罢工，声援上海人民反帝斗争。

《热血日报》是五卅运动中中国共产党主办的第一张日报，对加强领导和宣传五卅运动发挥了重要作用。

北伐战争

为推翻帝国主义支持北洋军阀的反动统治，实现中华民族的独立、自由、民主和统一，1926年7月，国民革命军正式出师北伐。在沿途各省人民群众的大力支持下，北伐军势如破竹。9月，两湖战场的北伐军分别占领汉阳和汉口；11月初，江西战场的北伐军歼灭孙传芳部主力，占领九江、南昌。到1926年年底，国民革命军已控制了除江苏、浙江、安徽以外的南方各省。冯玉祥的国民联军也已控制西北地区。北伐战争的胜利大局已定。

北伐战争是国共两党共同进行的一场革命的、正义的战争，中国共产党为配合北伐军奏响凯歌，领导上海工人阶级积极开展反帝斗争。周恩来、赵世炎等领导上海工人先后举行 3 次武装起义。

（二）武汉成为革命中心

国民政府迁都武汉

随着北伐战争的胜利，1927 年 1 月 1 日，国民政府由广州迁都武汉，此时的武汉成为大革命的中心。同时国民政府委员聚集武汉，受到武汉各界群众的热烈欢迎。

南洋大楼是当年国民党中央委员和国民政府联席会议办公所在地。1927 年春，国民党中央委员和国民政府委员会集武汉。3 月，旨在反对独裁、提高党权的国民党二届三中全会在汉口南洋大楼举行。

中共中央机关迁至武汉

因革命斗争形势需要，大部分中共中央委员云集武汉。截至1927 年 3 月，中共中央机关已陆续迁移到武汉。

张国焘作为中共中央代表，1926 年 9 月来到武汉，并兼任中共湖北区委书记。同年，中共中央军委代表聂荣臻在武昌中和里乾福巷 6—13 号设立了中央军委办事处。中央委员瞿秋白居住在汉口辅义里 27 号，领导武汉地区党的宣传工作。

中共中央在武汉创办出版发行机关——长江书店（现汉口中山大道 831 号），于 1927 年 11 月正式营业。先后出版 100 多种刊物，如《向导》《新青年》《群众》《湖南农民》等。

　　中共中央农委书记毛泽东于 1926 年 11 月底（或 12 月初）来到武汉，居住在武昌都府堤 41 号。在这里他撰写了著名的《湖南农民运动考察报告》。该文驳斥了当时党内外对农民运动的责难，并成为中国共产党领导农民运动的重要文献。

　　汉口友益街 16 号是中华全国总工会在武汉的办公所在地。主要领导人有中共中央工人部部长、中共中央工委书记李立三，中共中央工委委员、湖北省总工会秘书长刘少奇。

　　中共中央总书记陈独秀于 1927 年 4 月从上海来到汉口，居住在汉口四民街 61—62 号（今胜利街 165—167 号）。

武汉地区革命运动蓬勃发展

　　在中国共产党的领导下，武汉地区反帝反封建革命斗争轰轰烈烈，迅猛发展。武汉因而被誉为"赤都"。

　　1927 年 1 月 3 日，英国水兵在汉口江汉关刺杀参与集会的无辜群众，制造了"一三惨案"。惨案发生后，中国共产党联合国民党左派领导武汉人民举行声势浩大的反英斗争。最终收回了汉口英租界，取得了反帝斗争的伟大胜利。

　　武汉地区的工农运动蓬勃发展。1927 年上半年，武汉是全国农民运动的指挥中心。毛泽东于 1927 年深入湖南农村考察后，在武昌撰写了著名的《湖南农民运动考察报告》。同时，主办第七期国民党中央农民运动讲习所，培养了大批农民运动干部。湖北省召开了第一次农民代表大会，30 万名各界群众参加了庆祝大会。

此时，工人运动也迅猛发展起来。北伐战争胜利以后，全国总工会秘书长兼湖北省总工会秘书长刘少奇，在汉口友益街尚德里4号撰写了《工会代表会》等3本小册子指导工人运动。

随着工农运动蓬勃发展，妇女运动也呈现出崭新的面貌。武汉展开一系列轰轰烈烈的妇女反帝运动、妇女游行、妇女街头演讲。1927年3月8日，武汉各界举行大规模集会游行，纪念国际三八妇女节，争取妇女解放。湖北省妇女协会第一次代表大会在武昌开幕。

（三）大革命失败

帝国主义武力威胁中国革命

北伐军进抵长江中下游以后，革命势力迅猛发展，沉重打击了帝国主义，严重危及帝国主义在华利益，使其决定直接采用武力干涉中国革命。1926年9月5日至1927年3月24日，英国军舰借故先后炮轰四川万县县城和南京城，击毁万县教堂。英、美、日、法帝国主义调兵上海3万余人，成为镇压中国革命的急先锋，造成武力威胁中国革命的严峻局势。

蒋介石发动四一二反革命政变

帝国主义在采取武力镇压中国革命的同时，也采用分化革命统一战线的策略，拉拢北伐军总司令蒋介石，使其加快了反共的步伐，中国革命阵营内部的危机日益加深。

1927 年 4 月 12 日，蒋介石公然在上海"清党"，发动了震惊中外的四一二反革命政变，大肆捕杀共产党员和革命群众。4 月 15 日，李济深在广州发动反革命政变，仅 7 天被捕杀者就达 2100 人，其中共产党员约 600 人，被秘密杀害者 100 余人。广州市区一片白色恐怖。4 月 28 日，奉系军阀张作霖在北京逮捕并杀害中共北方区委负责人、中国共产党的主要创始人和领导人李大钊。

受到蒋介石策动的武汉政府反动军官，公开发动武装叛乱，5 月 9 日和 13 日，国民革命军第二十军军长杨森和第十四独立师师长夏斗寅先后通电反共，镇压工农，进攻武汉。

共产国际的指示

共产国际曾经给予中国革命很大的帮助和支持。但是，在大革命遭到局部失败的危急时刻，共产国际、联共（布）及其驻华代表却对蒋介石夺取革命领导权的企图缺乏警惕，对汪精卫背叛革命的危险性更是估计不足，因而只提出一些原则上的方针，实际采取一味妥协退让的政策，对中共中央决策产生了消极影响。

中国革命是共产国际运动的重要组成部分，中国共产党直接受共产国际的领导。1926 年 11 月下旬至 12 月中旬，共产国际执委会举行了第七次扩大会议，中心议题是《关于中国问题决议案》，提出了一些原则上正确的论断，却又把中国革命的主要希望寄托在蒋介石、汪精卫身上。

1927 年 1 月 19 日，以布哈林为首的共产国际执委会政治书记处通过决议，重申中国共产党人在国民党内夺取"重要战略阵地"

的方针，却同时又提醒共产党人要与国民党把联合战线保持下去。早在 1926 年年底至 1927 年春，蒋介石就挑起迁都之争，反动气焰十分嚣张。1927 年 2 月 17 日，联共（布）中央政治局向鲍罗廷发出指示，叮咛"不要把事态发展到与蒋介石决裂的地步"，指望用妥协策略来暂缓矛盾。上海工人阶级发动第三次武装起义后，3 月 13 日，联共（布）中央政治局给鲍罗廷发电报，仍不赞成同蒋介石破裂，指示中共中央"暂不进行公开作战"，致使上海的反蒋斗争开始松懈。

1927 年 5 月，共产国际第八次执行委员会全体会议通过《关于中国问题决议案》，提出开展土地革命、武装工农等挽救时局的关键问题，对挽救中国革命在理论上具有积极意义。

5 月 30 日，联共（布）中央给鲍罗廷、罗易、柳克斯（苏联驻汉口总领事）发来电报，要求中国共产党进行土地革命、组建自己的军队等，该指示在实际中很难操作。

直到 6 月下旬，共产国际仍再次援助武汉国民政府 200 万元，同时致电恳请汪精卫对国民党其他中央委员施加影响，幻想以此挽救革命。

共产国际的错误指导，对中共中央决策产生了消极影响。

党中央不断妥协退让

1926 年 12 月，中共中央在汉口召开特别会议。会议主张把革命领导权让给国民党左派，幻想以退让求团结，因而没有做好应对突然事变的准备。

1927 年 4 月 5 日，陈独秀与汪精卫在上海公开发表《联合宣言》，表示国共两党应"立即抛弃相关问题的怀疑"，"如兄弟般亲密"。

1927 年 7 月 3 日，中共中央作出《国共两党关系决议案》，希望以进一步的妥协让步，来拉拢即将叛变的汪精卫、唐生智。这样做更加助长了反革命的嚣张气焰。

中国共产党第五次全国代表大会

1927 年 1 月 19 日，共产国际执委会政治书记处决定，中国共产党应举行第五次全国代表大会，以解决中国革命的重大问题。于是在 1927 年 4 月 27 日至 5 月 9 日，中国共产党在武汉召开第五次全国代表大会。出席大会的代表有陈独秀、瞿秋白、蔡和森、李维汉、毛泽东、张国焘、李立三等 82 人，代表着全国 57967 名党员。共产国际代表罗易、鲍罗廷、维经斯基等也出席了大会。

党的五大虽然召开在革命的危急关头，却没有承担起挽救革命的重任。

党的五大为纪念五一国际劳动节，发表了《告世界无产阶级书》和《告中国民众书》，号召世界无产阶级援助中国革命，号召中国工农商学兵团结起来，消灭军阀。

《中国革命中之争论问题》是瞿秋白对中国革命的任务、性质、前途、动力、领导权、统一战线等根本问题的系统论述，对党的右倾错误提出批评。在党的五大会议期间，瞿秋白把《中国革命中之争论问题》的小册子发给与会代表。

1927年5月8日出版的第195期《向导》，登载了罗易关于党的五大的文章。罗易在党的五大上5次发表讲话，着重指出，我们要掌握革命领导权，进行土地革命。

党的五大错误地分析了革命形势，对汪精卫集团叛变革命的巨大危险缺乏清醒地认识和足够地精神准备。党的五大之后，革命形势进一步恶化。

面对山雨欲来风满楼的形势，毛泽东登高赋诗，抒情言志。写下了《菩萨蛮·黄鹤楼》："茫茫九派流中国，沉沉一线穿南北。烟雨莽苍苍，龟蛇锁大江。黄鹤知何去？剩有游人处。把酒酹滔滔，心潮逐浪高！"

1927年7月4日，中共中央政治局召开扩大会议，讨论形势和党的政策。毛泽东提出"保存武力"和"农民武装'上山'"的主张。

汪精卫背叛革命

1927年6月，罗易将共产国际"五月紧急指示"给汪精卫看，为其背叛革命提供了口实。汪精卫看完罗易送来的电文，第一反应是："到了争船的时候了！"却没有表露出反感，只是对罗易说，这件事很重要，要交给政治委员会主席团看了以后再作答复。可在郑州会议以后，他就以"五月紧急指示""根本危害"国民党的生命为借口，开始策划"分共"。

7月15日，汪精卫召开"分共"会议，同共产党决裂，彻底背叛了孙中山的国共合作政策和反帝反封建纲领。武汉"分共"

会议当天，国民革命军第三十五军何键部就在汉口进行"反共"示威，占据汉口、汉阳各工会，并搜捕吴玉章等共产党人。19日，武汉政府训令军事委员会在军队中"清共"。26日，武汉国民党中央执行委员会宣布：凡列名国民党之共产党员，在党政各机关任职者，应即日起声明脱离共产党，否则一律停职；共产党员在国民革命期间，不得有妨害国民革命之行动；国民党员不得加入他党，违者以反党论。之后，汪精卫集团即开始大肆搜捕、屠杀共产党人和革命群众，凶残程度不亚于蒋介石的四一二反革命政变。至此，第一次国共合作全面破裂，由国共合作发动的大革命令人痛心地全面失败！

面对国民党的屠杀政策，许多共产党人以自己的鲜血和生命捍卫了共产主义信念。

二、力挽狂澜

（一）紧急会议筹备

"五人临时中央"成立

大革命失败后，根据共产国际执行委员会的指示，1927年7月12日，中共中央改组，由张国焘、李维汉、周恩来、李立三、张

展陈介绍"五人临时中央"成员

太雷组成中共中央临时政治局常务委员会，代行中央最高职权。在汪精卫集团日趋反动的危急时刻，"五人临时中央"担负起挽救中国革命的重任。"五人临时中央"的5名成员中，张国焘是第五届政治局常委，李维汉是第五届政治局委员、中央秘书长、中央组织部代部长，周恩来是第五届政治局委员、中央军委书记，李立三是第五届政治局委员、中央工人部部长，张太雷是第五届政治局候补委员、湖北省委书记。他们都有着从事革命活动的丰富经历。

同时，鲍罗廷找陈独秀谈话，陈独秀向中央提出辞呈，要求辞去总书记职务。他在辞呈中说："国际一方面要我们执行自己的政策，一方面又不许我们退出国民党，实在没有出路，我实在不能继续工作。"从此，陈独秀离开了中共中央最高领导岗位。

7月13日，中央临时政治局常委会发表《中国共产党中央委员会对政局宣言》，严厉谴责蒋介石和汪精卫集团背叛革命的行径，宣布撤回加入国民政府的共产党员，同时严正声明中国共产党将继续支持反帝反封建的革命斗争，愿意同国民党的革命分子合作，这个宣言对振奋党内的革命精神起了积极作用。7月24日，中共中央发表《对于武汉反动时局之通告》，进一步对武汉国民党中央和国民政府进行谴责。

随后，从7月13日至26日，中央政治局临时常委会连续召开会议，初步总结大革命失败的教训，讨论通过了挽救中国革命的3项重大决策。这3项决策是：实行土地革命，发动和领导湘鄂粤赣4省农民举行秋收暴动；领导党在国民革命军中掌握和影响的主要部队举行南昌起义；召开中央紧急会议。"五人临时中央"在大革命失败的紧急关头作出的这些决策，为挽救革命挽救党、转变党的路线方针、开创革命新局面奠定了良好的基础。

转入地下斗争

"五人临时中央"除作出这3项重大决策之外，还进行了大量其他方面的工作，其中1项重要工作就是应变善后。针对汪精卫集团"分共"造成的白色恐怖，党的组织迅速转入秘密状态。7月10日前后，党中央机关及各有关部门相继迁移办公地点，党的领导人和公开活动的共产党员陆续改换住所，党的组织转入地下活动。当时从全国各地退避武汉的共产党员和领导人有数千人，为防止遭到国民党反动派捕杀，保存革命力量，"五人临时中央"安排他们立即疏散转移。据李维汉回忆，当时安排转移是按照中央规定的3项办法进行的：凡能秘密返回原地原籍工作的便派回原地原籍；不能返回原地原籍的，派到其他地方工作，其中大部分（包括一些党外进步人士）派到南昌参加起义；送往莫斯科学习（一小部分）。这一举措为党保存了一大批精英和骨干，为革命的再度兴起准备了干部条件。

汉口德林公寓（今天津路 12 号），当时是周恩来、李维汉、瞿秋白等中央领导人的秘密居住地；汉口永安里 12 号是中共中央暂留武汉的交通处；汉口协隆北里 17 号是中共中央地下交通联络站；汉口贯中里是当时中央组织部的秘密联络点之一；陈独秀居住在汉口后花楼街。

八一南昌起义

面对第一次国内革命战争的失败，1927 年 7 月 24 日，中央政治局临时常委会召开紧急会议，决定举行南昌起义，并决定成立领导起义的中共前敌委员会。7 月 27 日，周恩来从武汉赶到南昌。

展陈介绍八一南昌起义主要领导人

根据中央决定，在江西大旅社召开会议，成立由周恩来、李立三、恽代英、彭湃组成的中共前敌委员会，周恩来任书记。会议详细讨论了起义有关问题，决定 7 月 30 日晚举行起义。

起义部队是国民革命军第二方面军里中国共产党掌握和影响的部队，其中有叶挺指挥的第十一军第二十四师，贺龙任军长的第二十军，以及北伐战争中以叶挺独立团为骨干编成的第四军第二十五师第七十三、第七十五团，还有共产党掌握的第十师第三十团。

8 月 1 日，在以周恩来为首的中共前敌委员会领导下，贺龙、叶挺、朱德、刘伯承等率领在党直接掌握和影响下的军队 2 万余人，举行武装起义。经过 4 个多小时的激烈战斗，起义军全歼守敌 3000 余人，占领南昌城。南昌起义打响了武装反抗国民党反动派的第一枪，鼓舞了大革命失败后广大共产党员和革命群众的士气。

1980 年 7 月，邓小平到武汉参观八七会议会址纪念馆时，指着各地武装起义形势图说：“首先要讲八一南昌起义。会议是号召举行全国武装起义，会后在全国各地相继组织武装起义，虽然八一南昌起义在八七会议之前，但八一南昌起义也是体现八七会议方针的。”

夜以继日筹备紧急会议

八七会议之所以能在很短的时间内取得重大成果，是因为会议之前进行了充分的思想准备、组织准备和材料准备。从提出开会到正式开会将近 1 个月，而具体的筹备工作只有 14 天。如此短暂的时间完成如此充分的准备，可见筹备任务之繁重、工作之紧张。

展陈介绍八七会议相关筹备工作

党的五大以后，武汉地区的革命形势进一步恶化，反革命活动迅速表面化，以汪精卫为首的国民党中央和国民政府迅速走向反动。在这种局势下，党的队伍中有一些人在政治上、思想上陷入混乱状态，党内存在着相当严重的消极情绪。这是中国共产党自成立以来从未遇到过的重大危机。如何应对？何去何从？确实到了应该召开一次系统纠正党内错误、制定应对危机方略的中央会议的时候了。

1927 年 7 月 8 日，联共（布）中央政治局召开紧急会议，研究中国问题，指示"中国共产党应召开（最好是秘密召开）紧急代表会议，以便根据共产国际执委会的指示纠正党的领导所犯的根本性错误。必须采取各种措施保存党"。

7 月 13 日，瞿秋白与共产国际代表鲍罗廷赴庐山，商讨中国共产党转变政策、发动农民暴动等重要问题。7月21日，鲍罗廷和瞿秋白从庐山回到武汉。23日，鲍罗廷与新到的共产国际代表罗米那兹交接工作，并将与他一同从庐山回武汉的瞿秋白引荐给罗米那兹。瞿秋白虽然不是中央政治局临时常委会成员，但由于罗米那兹的器重，从这时实际开始进入中央核心领导层。

7月26日，中央政治局临时常委会召开扩大会议，决定派张国焘到南昌向周恩来、李立三传达有关武装起义的指示，瞿秋白、李维汉、张太雷留在武汉，同罗米那兹一起负责召开中央全会的各项筹备工作。

会议筹备工作集中在4个方面。一是起草会议文件。罗米那兹、瞿秋白、苏兆征等人分别起草《中国共产党中央执行委员会告全党党员书》《最近职工运动议决案》《最近农民斗争议决案》《党的组织问题议决案》。位于汉口天津路2号的德林公寓是起草文件的主要地点。

德林公寓之所以被中央领导人选为大革命失败后的秘密住地，是因为它规模大，且处于前英租界内，英租界收回后改为"特三区"。由于是特区，国民党的势力还不能到达，比较安全。尽管如此，他们仍十分注意安全工作。罗米那兹用俄文起草了《中国共产党中央执行委员会告全党党员书》。其中心内容是总结大革命失败的经验教训，严厉批评党内右倾机会主义错误，并根据这些教训、错误提出了中国共产党下一步的工作方针。

苏兆征、任弼时、张太雷、林育南参与紧急会议筹备，苏兆征负责起草《最近职工运动议决案》。

二是确定会议议程。因为交通不便、时间紧迫，会议只准备开1天，经过瞿秋白、李维汉、罗米那兹等人研究，确定议程为3项：首先是接受共产国际最近对于中国革命的指示；其次是批评党中央的错误，确定新的方针策略；最后是改组中央领导机构。对于陈独秀的问题，会议决定一方面等待共产国际复电，另一方面还是劝他去莫斯科。

三是确定会议时间、会议代表。根据李维汉回忆："中央紧急会议原来准备在7月28日举行，并由秋白、太雷和我与国际代表一起进行筹备工作。但是，由于当时的形势非常紧张，交通困难，28日未能集会。因此，先由常委发出7月29日的中国共产党告国民党同志书，同时设法召集附近各省代表准备开会。"所以，会议筹备者一方面只能推迟会期，另一方面设法通知附近各省。由于时局非常紧张，交通非常不便，不但北方、上海、广东等地的代表来不及召集，就是很近的江西代表虽经召集也不能来。到8月6日，出席会议的代表仍不能到齐，瞿秋白、李维汉、张太雷便决定立即尽数召集在武汉的中央委员、中央候补委员、中央监察委员、中央军委委员、共青团中央委员以及湖北、湖南、上海党组织的负责人参加会议，会议时间定在8月7日。结果，参加会议的中央委员仅10人，第五届中央委员有31人，人数不到一半；中央候补委员仅3人，第五届中央候补委员14人，人数更不到一半；中央监察委员仅2人，同样不到一半。因此，这次会议不叫中央全会，而称中央紧急会议。

四是选定会址。为确保会议安全，经过瞿秋白、李维汉、张太雷等人多次实地考察和分析，将会址选在汉口三教街 41 号苏联驻国民政府农民顾问拉祖莫夫的居所。三教街原为俄租界，这里外国商店林立，街道两旁的公寓居住的都是俄国侨民和富商。北伐战争胜利后，苏联顾问和共产国际代表大都租住在原俄租界。拉祖莫夫的居所位于三教街 41 号怡和新房的一个单元。怡和新房是一幢 20 世纪 20 年代英国人建造的俄式 3 层楼公寓，共有 6 个单元，每个单元有两个门通往楼上。拉祖莫夫住在二楼，一楼是一家印度商人开的百货店，从侧门可径直到达开会的二楼，客厅后门有一个小楼梯，可下到后院，通往僻静的小巷。屋顶凉台与邻居凉台相连，开会时如遇紧急情况可从后院通往的小巷和屋顶凉台迅速撤离，比较安全。

（二）紧急会议过程

八七会议代表

八七会议正式代表 21 位，中央委员：瞿秋白、李维汉、张太

展陈介绍八七会议代表

雷、邓中夏、任弼时、苏兆征、顾顺章、罗亦农、陈乔年、蔡和森；中央候补委员：李震瀛、陆沉、毛泽东；中央监察委员：杨匏安、王荷波；军委代表：王一飞；青年团代表：李子芬、杨善南、陆定一；湖南代表：彭公达；湖北代表：郑超麟。

共产国际驻中国代表罗米那兹及其助手牛曼参加会议；中央秘书邓小平承担会务工作。

会议议程及成果

1927 年 8 月 7 日，中央紧急会议召开，由李维汉主持。会议一共有 3 项议程：一是国际代表报告——指出党的过去错误及新的路线；二是常委代表报告——确定将来工作方针；三是改组中央政治局。

展陈介绍八七会议议程

第一项议程——由共产国际代表罗米那兹作报告。罗米那兹在报告中首先指出召开中央紧急会议的重要性、迫切性，提出这次紧急会议所要解决的问题。罗米那兹就《中国共产党中央执行委员会告全党党员书》草案的主要内容作了长篇报告。

报告提出3个问题。一是中共中央限制工农运动、向国民党让步的错误。二是中国共产党对国民党的策略问题。三是中共中央与共产国际的关系和错误的责任问题。要求坚决纠正党在过去的错误，确定实行土地革命和武装暴动的方针，武装反抗国民党反动派的屠杀政策。

就此，代表们展开了激烈的讨论。毛泽东在讨论时第一个发言。他首先肯定罗米那兹的报告"全部是很重要的"，接着讲了4个问题。一是国民党问题。批评党的领导对共产党员加入国民党不是去做主人而是去做客人的错误。二是农民问题。指出广大的党内党外群众要革命，党的指导却不革命。三是军事问题。批评不做军事运动专做民众运动的错误，指出政权是由枪杆子中取得的。四是组织问题。指出上级机关应尽心听下级的报告，然后才能由不革命的转入革命的。

毛泽东讲完以后，邓中夏、蔡和森、罗亦农、彭公达、任弼时、李子芬和瞿秋白相继发言。蔡和森在发言中严厉批评共产党向国民党上层领袖妥协让步的错误；罗亦农批判共产国际对中国革命指导上的错误；任弼时尖锐地批评党没有实行土地革命决心的错误。

第二项议程——瞿秋白同志代表常委作党的新任务的报告。

报告根据当时的形势和任务，提出"独立的工农阶级斗争"这一党的策略。同时，总结出 3 条具体方针：一是要更加注意与资产阶级争夺领导权；二是为了纠正过去的错误，要由下而上地争取群众；三是要在暴动中组织临时革命政府。

最后，瞿秋白提出将《最近农民斗争议决案》《最近职工运动议决案》和《党的组织问题议决案》交会议讨论通过，同时要求会议对 1927 年 7 月《中国共产党中央执行委员会致中国国民党革命同志书》予以追认。

《最近农民斗争议决案》规定党在当前最主要的任务是有系统地、有计划地、尽可能地在广大区域内准备农民暴动。《最近职工

展陈介绍八七会议选举产生的中共中央临时政治局

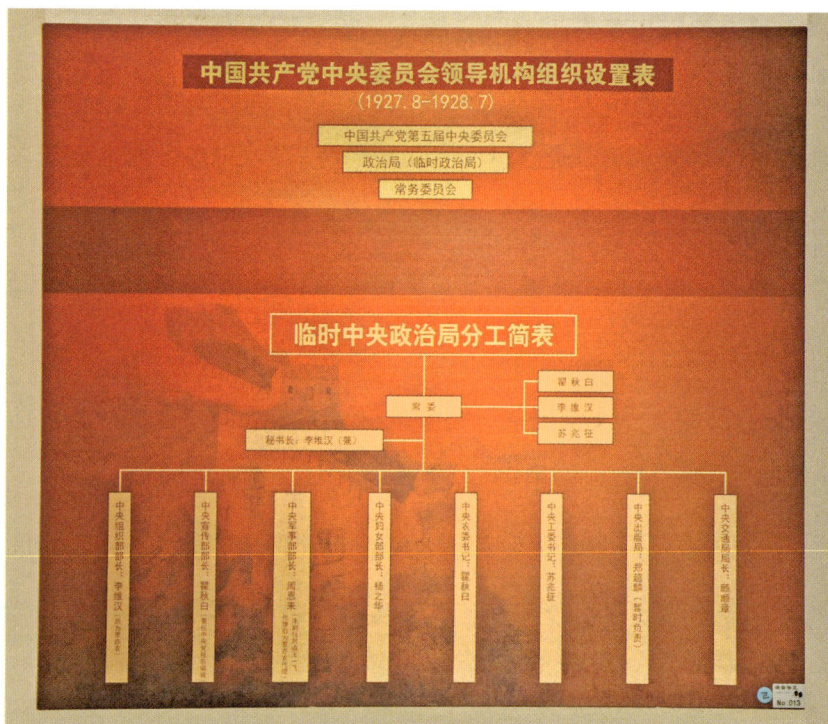

展陈介绍临时中央政治局分工

运动议决案》规定工人运动和农民武装暴动必须相互结合。《党的组织问题议决案》规定在党的第六次全国代表大会以前，由中央临时政治局执行中央委员会的一切职权。

第三项议程——选举产生中共中央临时政治局。确定中共中央临时政治局委员9人：苏兆征、向忠发、瞿秋白、罗亦农、顾顺章、王荷波、李维汉、彭湃、任弼时；候补委员7人：邓中夏、周恩来、毛泽东、彭公达、张太雷、张国焘、李立三。

8月9日，中共中央临时政治局召开第一次会议，选出瞿秋白、李维汉、苏兆征为中共中央临时政治局常委，并对委员进行了分工。

（三）八七会议的重大意义

八七会议虽然只开了 1 天，但由于议题重大，准备充分，全体与会人员尽心尽力，会议取得了显著成果。会议结束了以陈独秀为代表的右倾机会主义错误，确立土地革命和武装起义的正确方针，对挽救党和革命作出巨大贡献。中国革命从此开始由大革命失败到土地革命战争兴起的历史性转变。

八七会议结束仅 1 个月，作为中央特派员赴天津参与组建和领导中央北方局工作的蔡和森，就在《党的机会主义史》报告中说："'八七'紧急会议有非常伟大的历史意义，纵然在严重情形之下，不能召集全国代表大会，正式改组中央，发展讨论，纵然中央及全党的组织问题，还无很满意的解决，然无论如何总是公然的正式的承认了自己机会主义的错误（不是国际不懂中国情形政策过左，以致中国革命失败；也不是我们有错误，国际也有错误），公然的正式的接受了国际的新方针。由此会议救出中国共产党于机会主义的破产之中，挽回了全国工农群众惶惑恐慌的大危机，树立了工农革命苏维埃政权的新大旗。"

过了半年，瞿秋白也在《中国革命与共产党》中说，"八七会议是中国共产党历史上反机会主义斗争的新纪元"，"始终有极重大的意义"。"当时共产党简直是在溃散的状态之中，它将党救出来；它只是洗刷旧的机会主义，建立新的布尔塞维克路线的第一步，没有它——共产党简直是要'亡党'的。八七会议改选五次大会的中央政治局，发出《告全党同志书》，将机会主义的错误都明显的、无所隐藏的指摘批评出来，这在政治上、组织上是有非常重大意义的"。

2002年，由中共中央党史研究室著的《中国共产党历史·第一卷（1921—1949）》对八七会议作出评价："在中国革命处于严重危机的情况下，八七会议的及时召开，并制定出继续进行革命斗争的正确方针，使全党没有为极其严重的白色恐怖而惊慌失措，重新鼓起同国民党反动派斗争的勇气，从而为挽救党和革命作出了巨大贡献。中国革命从此开始由大革命失败到土地革命战争兴起的历史性转变。"

三、星火燎原

八七会议把广大党员重新凝聚在中国共产党的旗帜之下。八七会议以后，中国革命进入土地革命战争时期。中国共产党按照八七会议确定的方针，在黑暗中高举起革命的旗帜，以血与火的抗争回应国民党的屠杀政策，先后领导和发动了秋收起义、黄麻起义、广州起义等一系列武装起义，独立领导武装斗争，开展土地革命，创建工农红军，建立革命根据地，逐步走农村包围城市、武装夺取政权的革命道路。星星之火，终成燎原之势。

展陈介绍"星火燎原"部分内容

（一）传达会议精神

1927 年 8 月 9 日，中央临时政治局第一次会议选举产生中央临时政治局常委会。3 天后即 8 月 12 日，新的党中央就发出第一号通告，19 日又发出第二号通告，反复阐明八七会议的重大意义，要求各级党组织迅速将会议精神传达到全体党员。紧接着，又通过特派员、信函等方式，把会议文件及相关材料送往各地党组织。

中共中央致信各省传达会议精神

1927 年 8 月，中共中央分别致信河南、陕西、安徽、湖南等省委，通报紧急会议精神，指导各省工作。

1927 年 8 月 21 日，《中国共产党的政治任务与策略的议决案》

明确规定：当前最重要的任务是"组织工农暴动""创造新的革命军队"。中共中央临时政治局又相继通过关于学生运动、妇女运动、宣传运动等决议案，要求实行新的方针。

1927年8月29日，中共中央临时政治局会议通过《两湖暴动计划决议案》，决定两湖暴动必须于9月10日开始。

八七会议后，中共湖北省委书记罗亦农立即召开会议，传达贯彻会议精神。10月，中共湖北省委发布通告，根据八七会议精神制定本省近期工作方针。为恢复和健全党的组织，中共湖北省委发出通告，要求各级党组织进行整顿。中共江西省委根据八七会议精神制订秋收暴动计划，并向中共中央报告秋收暴动和省委改组情况。

中共广东省委拥护八七会议精神作出的决议案。1927年10月，中共广东省委根据八七会议精神制定《最近工作纲领》，即中共广东省委通告第十四号。

八七会议精神迅速传达到全国各地。张太雷在广东汕头大埔会馆，向率领南昌起义部队南下的周恩来等人传达八七会议精神；蔡和森在中共顺直省委会议上传达八七会议精神。

中共中央在各省建立派出机关

八七会议后，中共中央先后在各地建立派出机关。配合党的武装斗争。香港成立南方局，书记张国焘、主任周恩来。管辖广东、广西、闽南及南洋一带，指导整顿党组织和武装暴动。

在北京成立北方局，书记王荷波。管辖顺直、山东、满洲、山西、内蒙古等地，组织北方武装暴动。

中共中央长江局于 1927 年 9 月成立，机关设在汉口珞珈碑路 12 号，书记罗亦农。管辖湖北、湖南、河南、江西、四川、安徽、陕西、甘肃 8 省，代行中央职权，指挥 8 省的党务，以及开展土地革命；发动职工运动；改造各级党组织。

（二）恢复整顿组织

中共中央第二号通告

根据会议精神，中共中央发出第二号通告，要求整顿恢复重建遭受严重破坏的各级党组织。中共中央重新建立了通达各省的秘密交通网，在汉口永安里 12 号设中共中央交通处。

展陈介绍恢复整顿组织相关内容

中共中央机关迁回上海

1927 年 9—10 月，中共中央机关迁回上海，继续领导全国革命斗争。中共中央军委机关设在辣裴坊（今复兴路 533 弄）。中共中央在同孚路柏德里 700 号（今石门一路 336 弄 9 号）。青海路善庆坊（今青海路）19 弄 21 号为中共中央组织部机关。爱文义路望德里（今北京西路 1060 弄）1239 号为中共中央秘密联络点。

（三）领导武装起义

八七会议后代表们奔赴各地准备组织武装暴动。从 1927 年到 1934 年中国共产党共举行 800 多次武装起义。八一南昌起义、秋收起义、广州起义是全国影响较大的起义。

湘赣边界秋收起义

8 月 18 日，毛泽东以中央特派员身份回到湖南，在长沙北郊沈家大屋传达八七会议精神，制订秋收起义计划，领导发动著名的湘赣边界秋收起义。

毛泽东率领秋收起义部队到达江西宁冈古城，在联奎书院召开会议，这次会议决定以井冈山作为部队的立足点。建立了中国第一个革命根据地——井冈山革命根据地。1928 年 4 月，朱德、陈毅率领南昌起义保存下来的部队到达井冈山，与毛泽东会师，成立中国工农革命军第四军。

秋收起义

1927年8月18日，毛泽东作为特派员回到湖南，改组省委，传达八七会议精神，制订秋收起义计划。图为时任秋收起义前敌委员会书记的毛泽东和他传达八七会议精神的地方——长沙北郊沈家大屋。

湘赣边秋收起义和向井冈山进军要图

9月中旬，毛泽东领导发动著名的湘赣边界秋收起义。

1928年4月，朱德、陈毅率领南昌起义保存下来的部队到达井冈山，与毛泽东领导的秋收起义部队会师，成立中国工农革命军第四军。

展陈介绍秋收起义

湖北地区秋收起义

1927年8月中下旬，中共湖北省委在崇阳、通山等县率先发动较大规模的农民暴动，拉开秋收起义的序幕。鄂南农民暴动负责人吴德峰、符向一、黄赤光。

1928 年 5 月，工农革命军第七军和地方党组织领导人决定开辟以柴山保为中心的鄂豫边革命根据地，逐步发展成为鄂豫皖革命根据地，建立红四方面军。

1927 年 9 月 10 日晚，鄂中特委领导人肖仁鹄、邓赤中等率农民武装在湖北沔阳县戴家场（今属洪湖市）举旗暴动，打响鄂中地区秋收起义第一枪。

1927 年 9 月 13 日，中共中央致信鄂北特委对秋收暴动作出具体指示，鄂北秋收暴动负责人王一飞、李富春。

1927 年 11 月 13 日，中共黄麻特委领导黄安、麻城及黄陂农民举行起义，成立黄安县农民政府，创建工农革命军鄂东军（后改称第七军）。黄麻起义领导人潘忠汝、吴光浩、戴克敏。

黄麻起义胜利后，当地百姓为之振奋，著名书法家吴兰阶挥毫疾书一副对联："痛恨绿林兵，假称白日青天，黑暗沉沉埋赤子；克服黄安县，试看丹霄紫气，苍生济济拥红军。"贴在县衙门两旁。

鄂西秋收起义是中共湖北省委在当阳、远安等鄂西地区发动的大规模农民起义。中共鄂西特委书记张计储、起义军总司令曹壮父。

1928 年年初，贺龙、周逸群等领导荆江两岸年关暴动。之后，逐步发展河湖港汊游击战争，建立红二军团，开辟湘鄂西革命根据地。

广州起义

1927 年 12 月 11 日，中共广东省委领导举行广州起义，成立广州苏维埃政府。广州起义领导人张太雷、叶挺、叶剑英、黄平、周文雍。张太雷在起义中英勇牺牲。瞿秋白在《布尔塞维克》上发表文章以作悼念。

海陆丰武装起义

1927 年 9—10 月，彭湃等领导广东海丰、陆丰武装起义，建立苏维埃政府和海陆丰革命根据地。

陕西渭华起义

1928 年秋，中共陕西省委领导渭南、华县起义。渭华起义领导人之一刘志丹。

弋横起义

1928 年 1 月，方志敏等领导赣东北弋阳、横峰地区农民起义，建立弋阳工农民主政府和横峰苏维埃政府。弋横起义地址——横峰楼底蓝家村。弋横起义领导人方志敏、邵式平、黄道。

闽西起义

1928 年 3—6 月，中共福建省委在龙岩、上杭、永定等地发动多次农民武装起义，为创建闽西革命根据地奠定基础。闽西起义领导人张鼎丞、邓子恢、郭滴人。

平江起义

1928 年 7 月，在共产党员彭德怀、滕代远等领导下，原国民党军湖南独立第五师第一团在平江举行起义。起义部队改编为红五军第十三师，后开赴井冈山。

百色起义

1929 年年底至 1930 年年初，中共中央代表邓小平和广西省委负责人领导百色、龙州地区武装起义，创建红七军和红八军，建立左右江革命根据地。百色起义领导人之一、前敌委员会书记兼政委邓小平。红七军军长张云逸。红七军、红八军总指挥李明瑞。右江苏维埃政府主席雷经天。龙州起义领导人红八军军长俞作豫。红七军第三纵队司令员韦拔群。

中国共产党独立领导全国各地反抗国民党反动派武装起义，农村革命根据地陆续建立，逐渐壮大。以毛泽东为代表的一大批共产党人，经过不断艰难探索，终于找到一条使中国革命走向光明的正确道路。

四、八七会议会址复原陈列

八七会议会址所在的房子是英国人 1920 年修建的一排俄式公寓，共 3 层，时称"怡和新房"。一楼是绸布商店，二楼是国民政府农运顾问拉祖莫夫的住宅，三楼是住家。

由于紧急会议在白色恐怖环境下秘密召开，为安全起见，瞿秋白、李维汉等人决定会议代表分批进入会场。邓小平承担会务工作，提前 3 天第一个进入会场。他在会场接待入会代表，安排住宿，负责安全。虽然与会代表人数不多，加上两位共产国际代表，只有 24 人，但因环境险恶，中央内部交通花了 3 天时间，才将他

八七会议会址

们一个一个带进会场。

1980 年 7 月 15 日，邓小平到武汉视察工作，特地参观八七会议会址纪念馆。现在得以保存下来的八七会议的报告和发言记录，都出自他之手。他的工作为会议的顺利召开和圆满结束，发挥了十分重要的作用。

新民主主义革命时期，中国共产党召开过多次重要会议，但没有哪次会议的环境像八七会议这么险恶，没有哪次会议的气氛像八七会议这么紧张。八七会议是在敌人的眼皮底下，决定了中国革命、中国共产党的命运和前途。

在大革命全面失败的天塌地陷之际，正是八七会议树立起土地

八七会议会址

革命和武装起义的坚固柱石，使中国共产党和中国革命绝处逢生，为挽救党和革命作出了巨大贡献。彰显了中国共产党人敢于担当的魄力、危机处理的能力、坚持探索的毅力，而这些力量的根本均在于信仰信念的定力。这种超乎寻常的主体力量，为当今治党治国、实现中华民族伟大复兴的中国梦，提供了宝贵的政治财富和精神资源。

辰陈故事

八七会议会址纪念馆 2011 年扩建后占地面积 982.2 平方米，总建筑面积 3036 平方米，基本陈列《伟大的历史转折——八七会议历史陈列》展厅面积 508 平方米。展览展出文物、照片、文字资料及复制件 427 件，并辅以幻影成像、电子翻书、地面互动投影等多种高科技展示手段。

八七会议会址纪念馆自 1978 年开馆以来，先后经历过 3 次较大规模的文物征集活动。第一次是纪念馆筹建初期，为《伟大的历史转折——八七会议历史陈列》配置文物，从其他纪念馆和社会上征集而来；第二次是在 2001 年 6 月，结合八七会议会址纪念馆扩馆和陈列改造工作，派工作人员重点前往上海、广州、北京等地的会议代表后人家中，征集了一批珍贵的文物和藏品；第三次是 2010 年开始的建馆以来最大规模的扩馆和陈列改造期间，为充实展览，先后多次分组派人前往中央档案馆、北京古籍书店、满洲里红色线路纪念馆等地，征集了 300 多份文物、照片和珍贵的历史资料。

纪念馆现有馆藏藏品 782 件，其中一级文物 1 件，二级文物 2 件，三级文物 4 件。通过这些珍贵的文物藏品和历史资料的展出，生动再现了八七会议的种种历史细节，讴歌了中国共产党不畏艰险、力挽狂澜、挽救中国革命于危难之中的光辉历史。

基本陈列《伟大的历史转折——八七会议历史陈列》荣获 2010—2011 年度湖北省博物馆、纪念馆优秀陈列展览最佳内容设计奖。

一、邓小平为八七会议会址纪念馆题写馆名

文物等级：一级。

文物年代：1980 年 5 月 20 日。

规格：题字纸张长 58.7cm，宽 34.4cm。质量 18g。

该文物为 1980 年 5 月 20 日邓小平在北京为纪念馆题写的"八七会议会址"馆名。1927 年 8 月 7 日，中共中央在汉口原俄租界三教街 41 号秘密召开紧急会议，即八七会议。邓小平作为中央秘书在这里工作了 6 天，这是他第一次参加中央级别的重要会议，

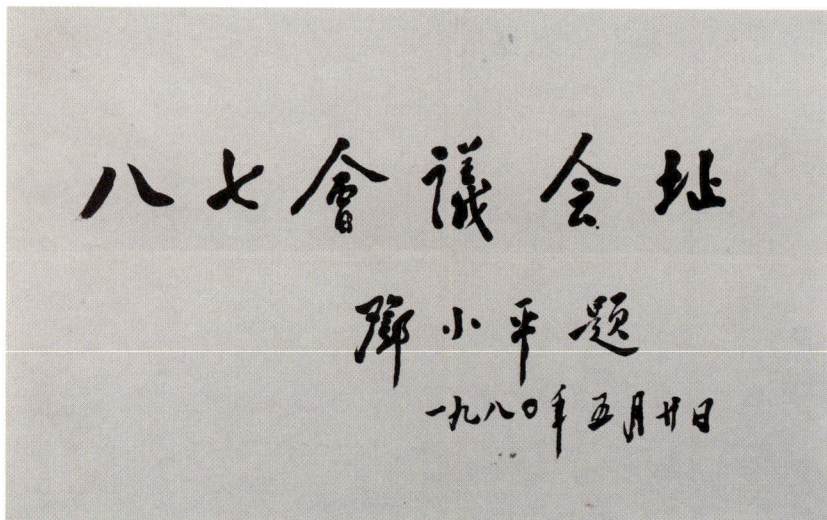

1980 年邓小平为八七会议会址纪念馆题写馆名

也是他革命生涯的一个新起点。

邓小平（1904—1997），四川广安人，时任中共中央政治秘书。

1972年9月22日，中共中央办公厅政治部托武汉市文物部门专程赴京送上一份关于八七会议情况的资料征集提纲，并转给了邓小平，他很快就作了答复："关于党的八七会议，当时我是党中央秘书，是参加了的。当时，由于汪蒋合作反共，白色恐怖严重，所以会议是在极端秘密的情况下举行的。"

"到会的大约只有20多人，分3天由交通员分批带到会场，到后即睡在那里，不能外出，会后又分批撤走，吃的是干粮（面包等）……会议由瞿秋白主持，共产国际代表罗米那兹作了长篇报告，改组了政治局。当时政治局是如何改选和选的哪些人，我记不得了。但是八七会议后参加政治局工作的有瞿秋白、罗亦农、李维汉、周恩来、张太雷等人。"

事隔45年，个别地方记忆有误是难免的，但对照后来陆续征集到的八七会议记录、八七会议通过的文件等档案资料以及其他会议参加者的会议材料来看，邓小平记忆力很强，他的回忆基本准确、可靠，真实地反映了当时的历史情况。

邓小平提供的宝贵史料和李维汉、陆定一两位亲历者回忆的情况互相印证，帮助找到并核定了八七会议会址，推进了八七会议文物资料的全面征集和会址的复原陈列工作。经中共武汉市委同意，1976年初步复原了八七会议会址，暂作内部开放。

1978年，武汉市文物部门为了恢复会址原貌，进一步筹备八七会议辅助陈列和复原会址时，又请邓小平回忆。3月25日，在中国革命博物馆外宾接待室，武汉市革命委员会副主任兼文教办主任邓垦向在京的武汉市委宣传部副部长方先铭说："昨天我见到邓小平同志，请他看了八七会议复原的照片，邓小平说，'没有餐桌和台布，根本说不上吃酒的样子，桌子、凳子都不整齐'，他还强调说，'搞这个纪念馆，就是为了革命传统教育，宣传会议解决什么问题，完成了什么历史任务。复原要体现当年艰苦奋斗的精神'。"

于是，武汉市文物部门按李维汉、邓小平的共同回忆复原了会场，并遵照邓小平关于办纪念馆的指示精神，设计辅助陈列方案，编写解说词。八七会议会址纪念馆于同年8月7日举行了隆重的落成典礼，正式对外开放。

1980年3月，李维汉又一次来到八七会议会址纪念馆参观并看望工作人员。在座谈中，他再次回忆了当时的历史，提供了珍贵资料。当纪念馆的同志请他题写馆名时，他谦虚地说："我不能题，我请一个人给你们题。"后来，纪念馆收到邓小平1980年5月20日在北京家中亲笔题写的"八七会议会址"题字的邮寄件，才知道，李维汉回北京后，请邓小平为会址题写馆名。1994年11月，该题字经国家文物局近现代历史（革命）文物鉴定确认专家组定为国家一级文物，成为纪念馆的镇馆之宝。

2011年，纪念馆根据1980年邓小平的题字，制成红底镏金馆标，悬挂在八七会议会址纪念馆门楣正中。而该文物的复制件则被悬挂于纪念馆二楼会址复原陈列的八七会议会场上方。

二、李维汉为八七会议会址纪念馆题词

文物等级：二级。

文物年代：1980 年 3 月 25 日。

规格：题词纸张长 45cm，宽 33.6cm。质量 15g。

该文物为 1980 年李维汉在东湖百花园书写并赠予八七会议会址纪念馆的题词。1980 年 3 月 22 日，八七会议代表李维汉视察了八七会议会址纪念馆，确认会场应在二楼后房。3 月 25 日李维汉

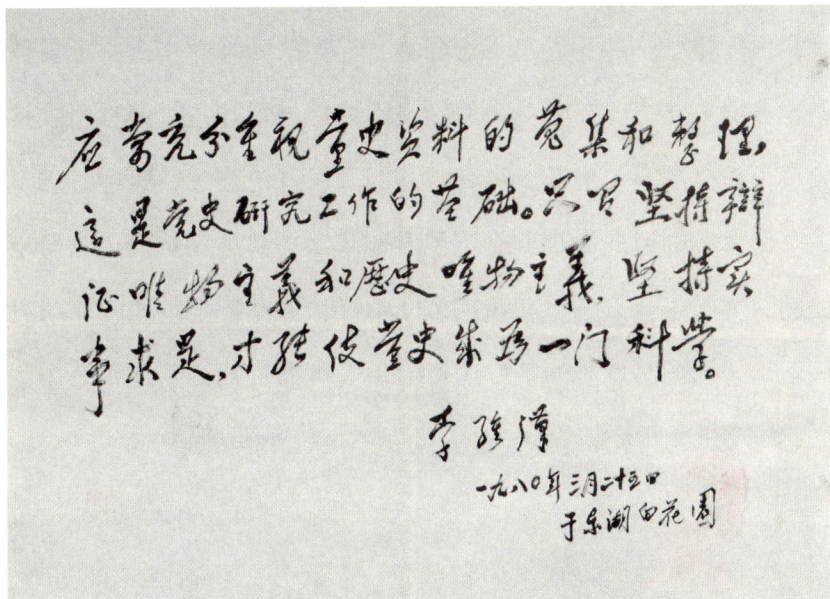

1980 年李维汉为八七会议会址纪念馆题词

于东湖百花园就党史工作题词并赠予八七会议会址纪念馆。

李维汉（1896—1984），汉族，又名罗迈，湖南长沙人。他是中国共产党的优秀党员，久经考验的共产主义忠诚战士，杰出的无产阶级革命家，党和国家在统一战线和民族工作方面的著名理论家和卓越领导人。

1916 年李维汉考入湖南省立第一师范学校，与毛泽东、蔡和森等校友结识，并一起创建了新民学会。1919 年赴法国勤工俭学，后参与中国共产党欧洲支部的筹建工作，成为中国共产党最早的党员之一。1927 年 5 月，在党的五大后举行的中央委员会会议上李维汉当选为中央政治局委员，还被任命为中央秘书长。1927 年 7 月 12 日，中共中央根据共产国际的指示进行改组，成立了由张国焘、周恩来、张太雷、李立三、李维汉组成的临时中央常务委员会，停止了陈独秀的总书记职务。李维汉为临时中央常务委员会 5 名委员之一。在大革命遭受失败的严峻形势下，他参与决策发动了南昌起义。他和瞿秋白主持召开了八七会议，会议总结了大革命失败的经验教训，确定了土地革命和武装反抗国民党反动派的总方针。会议选举瞿秋白、李维汉、苏兆征等组成临时中央政治局。八七会议开始了中国革命由大革命失败到土地革命战争兴起的历史性转变。

三、陆定一为纪念八七会议召开 60 周年题词

文物等级：二级。

文物年代：1987 年。

规格：题词外框长 154cm，宽 41cm；内框长 60.5cm，宽 30.7cm。质量 332g。

该文物为 1987 年八七会议代表陆定一在纪念八七会议召开 60 周年之际所作的书法题词。1987 年是八七会议召开 60 周年，八七会议会址纪念馆工作人员到北京拜访了八七会议代表陆定一，征集到陆定一亲笔抄录的毛泽东诗词"红旗卷起农奴戟，敢教日月换新天"书法作品一幅。

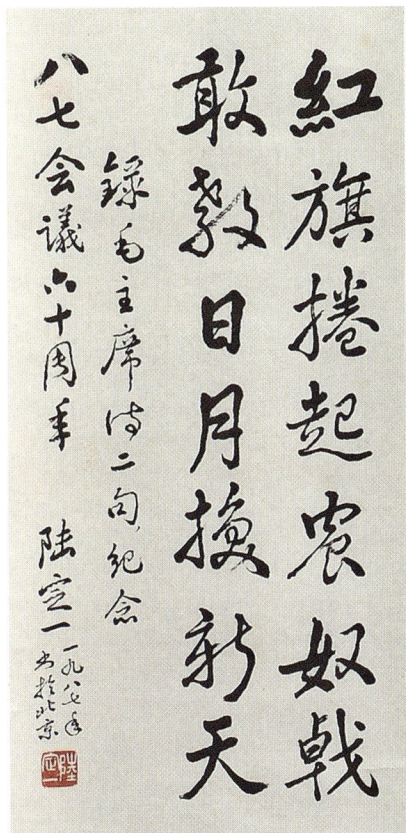

1987 年陆定一为纪念八七会议 60 周年题词

陆定一（1906—1996），男，江苏无锡人，伟大的共产主义战士，杰出的无产阶级革命家，中国共产党宣传思想战线杰出的领导

人。他 1925 年加入中国共产党，1926 年毕业于交通大学。1927 年起担任共青团中央宣传部部长、共青团驻少共国际代表。长征时，在红军第一方面军"红章"纵队政治宣传部工作，后任红军总政治部宣传部部长。新中国成立后，先后任中共中央宣传部部长、国务院副总理、中央书记处书记、文化部部长、全国政协副主席。

1927 年在蒋介石发动四一二反革命政变，汪精卫即将叛变革命的危急关头，陆定一根据任弼时主持召开的团中央紧急会议精神，参与起草了团中央《致党中央政治意见书》，请求党迅速行动起来，组织武装，开展对国民党右派的坚决斗争。随后，陆定一以共青团代表身份参加了具有重大历史意义的八七会议。这期间，他以犀利的文笔撰写了大量文章，鞭挞黑暗势力，鼓舞青年投身革命。大革命失败后，在严重的白色恐怖下，他依然坚韧不拔地进行斗争。

四、胡绳为八七会议会址纪念馆题词

文物等级：三级。

文物年代：1995 年 3 月 31 日。

规格：题词外框长 155cm，宽 56cm；内框长 66cm，宽 46cm。质量 420g。

该文物为 1995 年 3 月 31 日时任全国政协副主席的胡绳，来馆视察工作，为纪念馆题词"党的历史告诉我们要不怕困难 战胜困难"。

胡绳（1918—2000），原名项志逖，笔名蒲韧、卜人、李念青、沈友谷等，江苏苏州人，中国著名哲学家、近代史专家。他是久经考验的忠诚的共产主义战士，无产阶级革命家，著名的马克思主义理论家，中国人民政治协商会议第

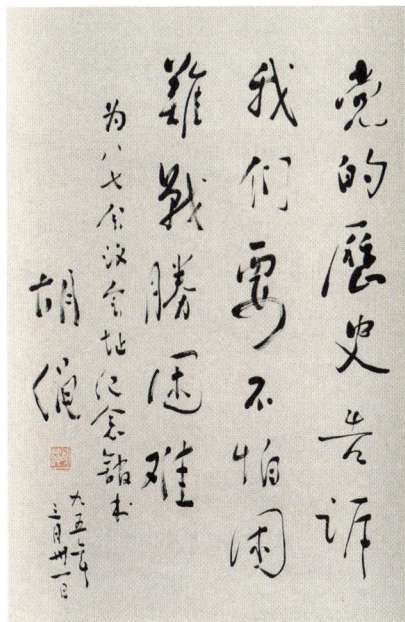

胡绳为八七会议会址纪念馆题词

七、第八届全国委员会副主席。1982年，胡绳出任中共党史研究室主任，负责研究中国共产党党史，并起草《关于建国以来党的若干历史问题的决议》和1982年《中华人民共和国宪法》。1985年，胡绳出任中国社会科学院院长。1988年当选为全国政协副主席。

五、任弼时用过的小提琴

文物等级：三级。

文物年代：1949年。

任弼时用过的小提琴

规格：小提琴通长 60cm，最宽处 21cm，高 4cm。质量 2139g。

该文物为时任八七会议会址纪念馆馆长赵晓琳从任弼时的大女儿任远志家征集而来。捐赠这件文物时，任远志介绍，父亲任弼时多才多艺，最喜欢拉小提琴，还会弹钢琴、画画。1929 年以开画店为掩护，在武汉领导革命斗争。和平年代，任弼时家每次聚会最开心的事就是开家庭音乐会。

任弼时（1904—1950），原名任培国，湖南汨罗人。伟大的马克思主义者，杰出的无产阶级革命家、政治家、组织家，中国共产党和中国人民解放军的卓越领导人，以毛泽东同志为核心的党的第一代中央领导集体的重要成员。党的第七届中央政治局委员、中央书记处书记。

　　1904 年 4 月 30 日，任弼时生于乡村教师家庭。曾就读于长沙明德中学、湖南第一联合县立中学。1920 年 8 月加入中国社会主义青年团。1922 年年初加入中国共产党。1927 年 7 月任第四任共青团中央总书记。1927 年 5 月在党的五大上当选为中央委员。国共合作破裂后，1927 年 8 月 7 日出席在汉口召开的中共中央紧急会议，积极主张土地革命，当选为中共中央临时政治局委员。1928 年在党的六大上继续当选为中央委员。1931 年在中共六届四中全会上当选为中央政治局委员。1935 年 11 月与贺龙率红二、红六军团长征，长征中拥护以毛泽东为代表的中共中央，同张国焘的"第二中央"作坚决斗争，力促红军三大主力胜利会师。

　　任弼时身上有一种浪漫的气质，工作之余他不仅喜欢弹钢琴、拉小提琴、画画、写作、照相等，还会打猎。用现在的眼光来看，任弼时可谓文艺范儿十足。这件藏品展现了任弼时富有生活情趣的一面。

　　在中国共产党早期党员中，任弼时是出身青年团的年轻革命家，后来又一直以刻苦坚韧著称。这位被誉为"党的骆驼"的坚强战士，少年时期身处思想活跃却生产力水平相对落后的湘境，决定"毕业之后，欲志于工业"，走工业救国之路。这一愿望固然是好的，然而他成年后认识到，若腐朽的社会制度不改变，兴办工业以强国并无可能。从而走出国门，到苏联寻求真理，最后走上了终身革命的道路。

1927年8月7日，时任中央委员、团中央总书记的任弼时参加了八七会议，和与会的同志们一起批判了党内的右倾错误。任弼时认为中国共产党存在机会主义倾向的原因在于，"我们仅仅作了上层的工作，而忘记了要以革命的力量来领导小资产阶级"，这样"不但未深入领导民众，而且还要抑制群众的争斗"。他还指出了党自身存在的一些问题，如"党无土地革命的决心""未明白要土地革命才能引革命于新时期""党处处迁就小资产阶级，使党失了独立的作用"。关于组织问题，他认为，"现在党要改变过去的错误原则，要实行，非有新的领导机关不可，并须吸引下级作实际工作的工人同志来作领导"，还建议"老头子（指陈独秀）可去莫（指莫斯科）"。

任弼时在20世纪30年代后期和40年代一直坚定地支持毛泽东。1938年赴莫斯科时，他向共产国际强调"毛泽东才是中国共产党的领袖"，这对当时的共产国际表态支持确立毛泽东的领导地位起了重要作用。但是，他又不因此徇私情，对江青一直坚持原则，不给特殊照顾，康生等人对他一直是敬畏交织。任弼时能严格要求别人，恰恰在于自己一身正气，只讲奉献不求索取，正如古语所说："其身正，不令而行；其身不正，虽令不从。"

1950年10月27日，任弼时在北京逝世。后人有诗赞任弼时云：党内领袖中，弼时足称贤。弱冠赴俄，历北国之酷寒；及壮长征，率千军逾险滩。坚信卓绝，律己从严；党内持家，克勤克俭。斯伟人陵寝，简卧八宝山；念革命正气，长存天地间。嗟乎！壮哉前驱，励我攻关；神州腾飞，再慰九泉。

2000 年 10 月 23 日，任弼时的家人向纪念馆捐赠了这件他生前用过的小提琴。

六、其他重要藏品故事

（一）八七会议代表的部分遗物

郑超麟的帽子

文物年代：20 世纪 80 年代。

郑超麟的帽子

八七会议代表郑超麟戴过的帽子为 2001 年 4 月 10 日从其家中征集。帽子直径 25.5cm，高 6.5cm，质量 74.4g，棕黑色毛呢质地。帽顶有一圈不规则环形磨损。

郑超麟（1901—1998），福建漳平人。参加八七会议时，任中共湖北省委宣传部部长，以中共湖北省委代表身份出席会议。1952 年 12 月 22 日，郑超麟等中国"托派分子"被捕入狱。出狱后，晚年撰写了大量回忆文章。

1979 年 11 月 13 日郑超麟回访八七会议会址，并留下了回忆八七会议的相关手稿和手绘八七会议方位图。1998 年郑超麟于上海逝世。

郑超麟的放大镜

文物年代：20 世纪 80 年代。

八七会议代表郑超麟用过的放大镜为 2001 年 4 月 10 日从其

郑超麟用过的放大镜

家中征集。放大镜长 14.7cm，宽 6.7cm，厚度 1.28cm，质量 42.6g。放大镜外框和手柄为塑料质地，正面红色，反面白色。

郑超麟的软笔

郑超麟用过的软笔

文物年代：20 世纪 80 年代。

八七会议代表郑超麟用过的软笔为 2001 年 4 月 10 日从其家中征集。软笔长 13.8cm，直径 1cm，质量 8.1g。现保存完好。

瞿秋白赠给杨之华的金别针（复制品）

1924 年 11 月 18 日，瞿秋白送给妻子杨之华一枚金别针（胸针）作为结婚礼物。别针长 4.2cm，宽 0.5cm，"赠我生命的伴侣" 7 字为瞿秋白亲自镌刻。文物原件收藏于常州瞿秋白纪念馆，此为该馆制作并授权展出的复制品。

瞿秋白（1899—1935），江苏常州人。中国共产党早期主要领导人之一，伟大的马克思主义者，卓越的无产阶级革命家、理论家

瞿秋白赠给杨之华的金别针（复制品）

和宣传家，中国革命文学事业的重要奠基者之一。第五届中央政治局常委，以中央委员身份出席八七会议，主持八七会议并代表中央作报告。1935 年 6 月 18 日在福建长汀牺牲。

瞿秋白与杨之华两人的结合经历颇为曲折。杨之华是瞿秋白的学生，爱上这位老师的时候已婚并生有 1 女，但她和丈夫沈剑龙的婚姻濒临破裂。趁放暑假的机会，瞿秋白来到萧山杨家，与杨之华、沈剑龙推心置腹地谈话。谁知沈剑龙和瞿秋白一见如故，对他的人品与才华十分尊敬、仰慕。这场奇特"谈判"的结果是，上海《民国日报》于 1924 年 11 月 18 日起连续 3 天刊登了 3 则启事：杨之华、沈剑龙离婚启事，瞿秋白、杨之华结婚启事，瞿秋白与沈剑龙结为好友启事。

这件金别针的原件为一级文物，现藏于瞿秋白家乡——常州的瞿秋白纪念馆。2000 年，时任八七会议会址纪念馆馆长的赵晓琳参观瞿秋白纪念馆时看到了这枚别针。听到文物背后这段感人的故事后对该馆馆长说，这枚别针记录了瞿秋白和杨之华的真实情感，也能让观众看到与历史书上不一样的"红色恋人"，请求该馆制作一件复制品在八七会议会址纪念馆展出。

（二）八七会议记录等重要文件

八七会议记录首页复制件

2004 年 7 月，八七会议会址纪念馆工作人员在中央档案馆查阅到 1927 年八七会议的原始会议记录，并取得八七会议记录首页以及会议代表发言讨论页的相关复制件。八七会议记录首页标题为《"八七"中央紧急会议记录》，字迹为蓝黑墨水手写而成，记录纸为长 27.2cm，宽 17cm 的淡蓝色横线白底文稿纸。

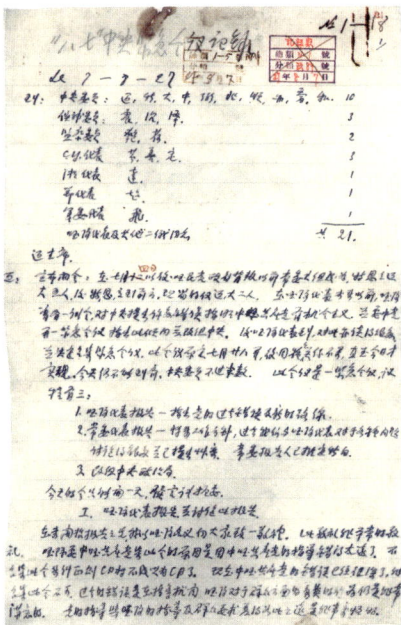

八七会议记录首页复制件

八七会议记录毛泽东发言复制件

该藏品为 2004 年 7 月从中央档案馆征集而来的复制件，记录了八七会议上毛泽东关于共产国际代表报告的发言。1927 年

八七会议记录毛泽东发言复制件

八七会议记录邓中夏发言复制件

毛泽东以中央候补委员的身份出席了八七会议。从该发言记录可以看到：毛泽东将陈独秀的右倾错误形象地作了比喻，"当时大家的根本观念都以为国民党是人家的，不知它是一架空房子等人去住，其后像新姑娘上花轿一样勉强挪到此空房子去了，但始终无当此房子主人的决心"。他还强调了农民问题的重要性以及共产党掌握枪杆子的意义，提出"枪杆子里面出政权"的著名论断。

八七会议记录邓中夏发言复制件

该藏品为2004年7月从中央档案馆征集而来的复制件，记录了八七会议上邓中夏关于共产国际代表报告的发言。邓中夏（1894—1933），湖南宜章人。1927年以中央委员的身份出席了八七会议。1933年9

月 21 日邓中夏在南京牺牲。

八七会议记录蔡和森发言复制件

该藏品为 2004 年 7 月从中央档案馆征集而来的复制件，记录了八七会议上蔡和森关于共产国际代表报告的发言。蔡和森（1895—1931），湖南双峰人。第五届中央政治局常委。1927 年以中央委员的身份出席了八七会议。蔡和森在八七会议上严厉批评了共产党向国民党上层妥协让步的错误。1931 年 6 月蔡和森在香港被捕，8 月 4 日在广州被杀害。

八七会议记录蔡和森发言复制件

八七会议记录罗亦农发言复制件

该藏品为 2004 年 7 月从中央档案馆征集而来的复制件，记录了八七会议上罗亦农关于共产国际代表报告的发言。罗亦农（1902—1928），湖南湘潭

八七会议记录罗亦农发言复制件

人。时任中共湖北省委书记。1927 年以中央委员的身份出席八七会议。罗亦农在八七会议上着重批判了共产国际对中国革命指导上的失误。1928 年 4 月 21 日在上海龙华牺牲。

八七会议记录任弼时发言复制件

八七会议记录任弼时发言复制件

该藏品为 2004 年 7 月从中央档案馆征集而来的复制件，记录了八七会议上任弼时关于共产国际代表报告的发言。任弼时（1904—1950），湖南汨罗人。时任团中央总书记，1927 年以中央委员的身份出席了八七会议。任弼时在八七会议上尖锐批评了党没有实行土地革命决心的错误。1950 年 10 月在北京病逝。

八七会议记录瞿秋白报告复制件

该藏品为 2004 年 7 月从中央档案馆征集而来的复制件，记录了八七会议上作为中央常委代表的瞿秋白所作的报告。瞿秋白（1899—1935），江苏常州人。第五届中央政治局常委，以中央委员身份出席了八七会议，主持会议并代表中央作报告。瞿秋白的报告记录了两张纸，第一张第二段第三行更换了墨水，由蓝色变为黑色。后面的会议记录均为黑色钢笔字，字迹颜色变更与八七会议记

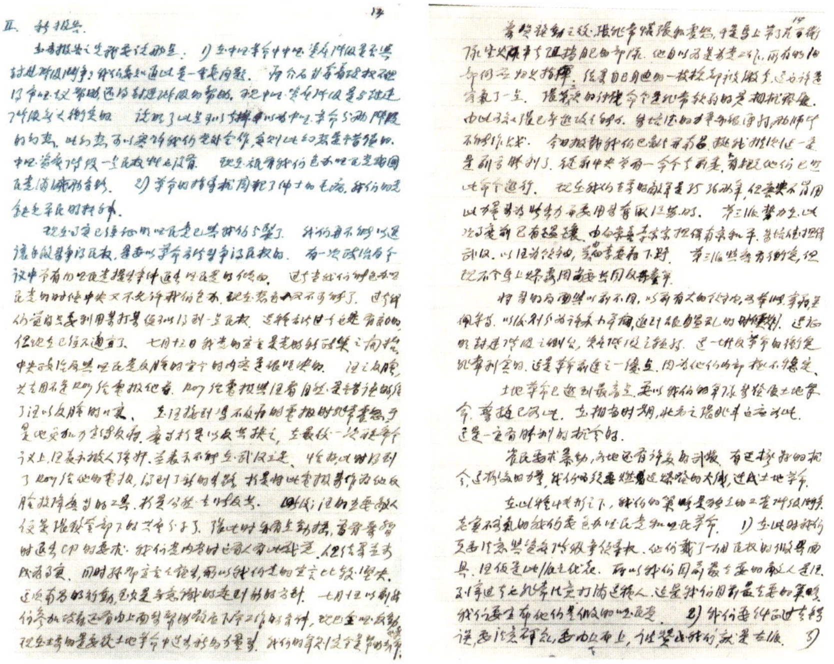

八七会议记录瞿秋白报告复制件

录顺序一致。1935 年 6 月 18 日在福建长汀牺牲。

1927 年 8 月 9 日会议记录复制件

该藏品为 2004 年 7 月从中央档案馆征集而来的 1927 年 8 月 9 日会议记录的复制件。1927 年 8 月 9 日，中共中央临时政治局召开了第一次会议，选出瞿秋白、李维汉、苏兆征

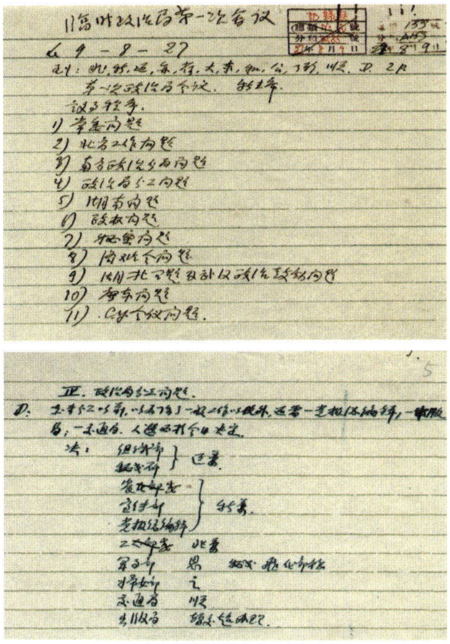

1927 年 8 月 9 日会议记录复制件

为常委，并对委员们进行了分工。

1927 年 8 月 3 日会议记录复制件

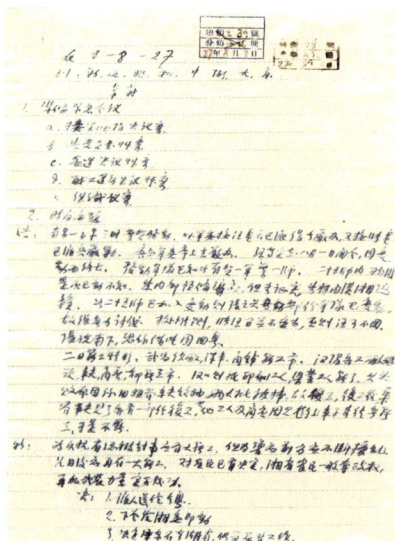

1927 年 8 月 3 日会议记录复制件

该藏品为 2007 年 10 月从中央档案馆征集而来的 1927 年 8 月 3 日会议记录的复制件。1927 年 8 月 3 日，中共中央临时政治局常委扩大会议在汉口召开，除讨论南昌起义后的动态外，还讨论了召开中央紧急会议的准备工作。会议决定接受共产国际新的决议，改组中央政治局。

《中国共产党中央执行委员会告全党党员书》复制件

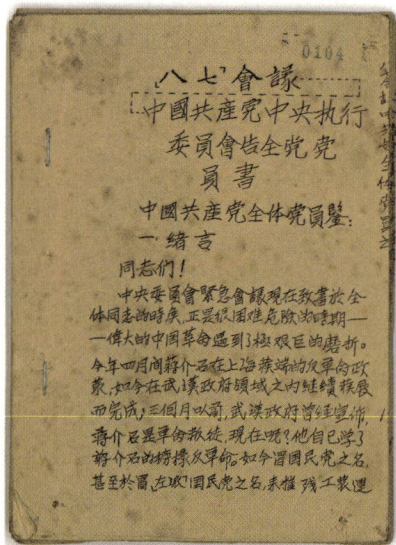

《中国共产党中央执行委员会告全党党员书》复制件

该藏品为 2001 年从中国人民革命军事博物馆征集而来的复制品。藏品长 18cm，宽 13cm，厚 0.58cm，油印装订成册。八七会议的第一项议程是共产国际代表罗米那兹作当前形势的报告，并宣读通过了一份由瞿秋白起草的重要文件，即《中国共产党中央执行委员会告全党党员书》。由于罗米那兹的发言是用俄文，瞿秋白为其翻译，所以这一项议程就进行了一上午。《中国共产党中央执行委员会告全党党员书》的精神也就是八七会议的主要精神，要求坚决纠正党内的右倾错误，决定实行土地革命和武装反抗国民党。

（三）大革命时期的珍贵文物

1929 年第三版《北伐画史》

该藏品为 1929 年 1 月 2 日良友图书印刷有限公司出版的《北伐画史》第三版。书长 35.5cm，宽 25.5cm，厚 0.5cm。

1929 年第三版《北伐画史》

1926 年 7 月 9 日，国民革命军从广东起兵，在连克长沙、武汉、南京、上海等地以后，国民政府内部因对中国共产党的态度不同而一度分裂，汪精卫和蒋介石决裂，北伐陷于停滞。宁汉合流后，国民革命军继续北伐，并在西北的冯玉祥和山西的阎锡山加入下，于 1928 年攻克北京，致使奉系军阀张作霖撤往东北并被日本关东军于皇姑屯炸成重伤，最终不治身亡。其子张学良宣布东北易帜。至此北伐完成，中国实现了形式上的统一。

《北伐画史》为上海良友图书 1928 年 7 月出版，因国内外读者反响热烈多次再版。该书收录了大量北伐的珍贵照片，以图片的形式记录了北伐始末，辅以中英文说明。书中首次收录了珍贵的"北伐路线图"一幅。

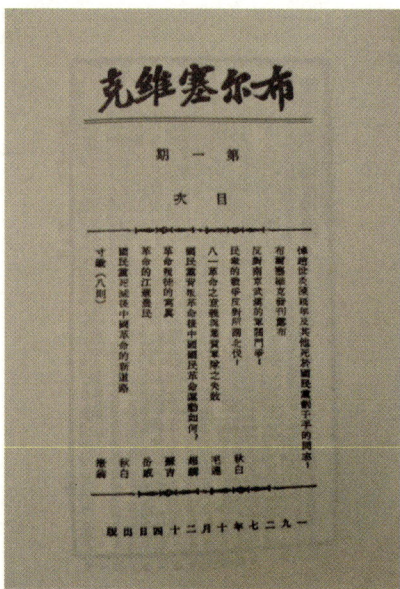

1927 年出版《布尔塞维克》第一卷第一期影印本

1927 年出版《布尔塞维克》第一卷影印本

该藏品收录了《布尔塞维克》杂志第一期至第十四期内容，以影印的形式原汁原味保留了原始杂志的面貌。

《布尔塞维克》杂志是土地革命战争时期中国共产党中央委员会的理论性机关刊物。1927 年 10 月 24 日在上海秘密创刊。在大革命失败的危急关头，它传达共产国际和中共中央的声音，宣传开展武装斗争、进行土地革命、建立工农民主政权的正确理论，为全党指明了斗争方向；报道南昌起义、秋收起义及各地的农民暴动，歌颂了赵世炎等100余名烈士的事迹。书中收录了多位八七会议代表的文章，具有重要的研究和展示价值。

邓中夏著《中国职工运动简史（1919—1926）》

该藏品封面为红色，纸张泛黄，长 18cm，宽 13cm，厚 1.2cm，为 1953 年人民出版社出版的《中国职工运动简史（1919—1926）》第三版。

《中国职工运动简史（1919—1926）》是八七会议代表邓中夏 1929 年撰写的。他的《工会论（上编）》和《中国职工运动简史（1919—1926）》是最早从宏观上对中国工人运

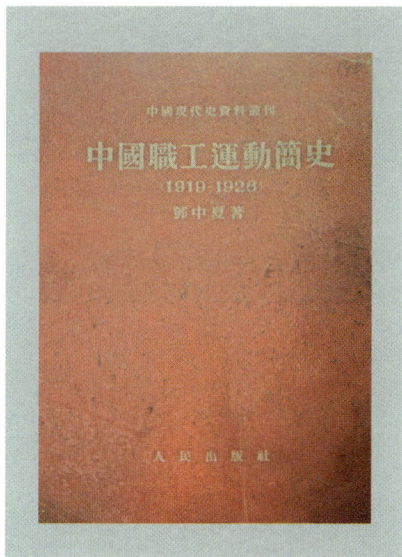

邓中夏著《中国职工运动简史（1919—1926）》

动进行系统研究的两部专著，尤其是《中国职工运动简史（1919—1926）》，至今仍是该领域非常有价值的权威著作。

任弼时著《土地改革中的几个问题》

该藏品为 1948 年中国人民解放军东北军区政治部印制的《土地改革中的几个问题》，作者是八七会议代表任弼时。书长 18.4cm，

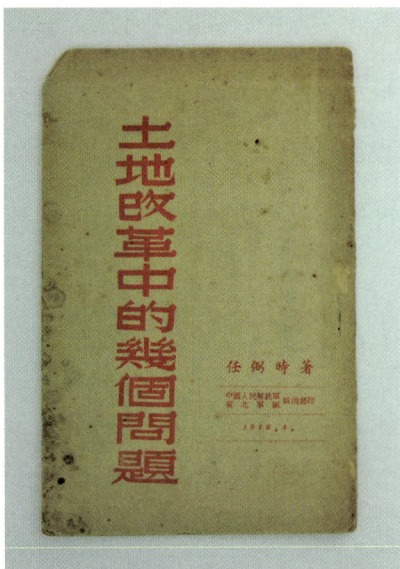

任弼时著《土地改革中的几个问题》

宽 12.7cm。纸张泛黄，边角脆化破损。

1948 年 1 月 12 日，受中央委托，任弼时在西北野战军前线委员会扩大会议上作了题为《土地改革中的几个问题》的演讲。任弼时的这篇演讲理论上高屋建瓴，政策上切中实际，被确定为中共中央的土改政策文件。文件下发各解放区后，立即成为土地改革的政策蓝本，产生了巨大作用。

1954 年《新青年》影印本第二卷

该藏品为 1954 年 8 月人民出版社影印、新华书店发行的《新

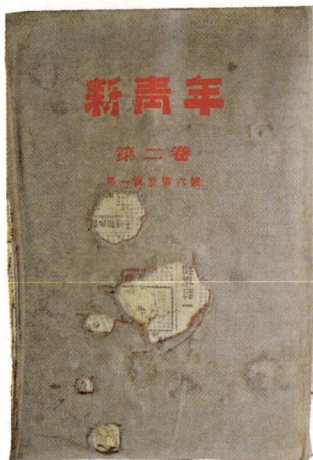

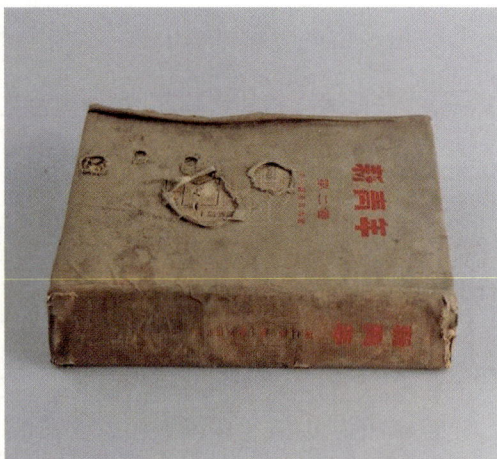

1954 年《新青年》影印本第二卷正、侧面

青年》第二卷。长 26.5cm，宽 19.5cm，厚 4.6cm。封面破损开裂，内页纸张泛黄。

《新青年》是旧中国时代最早的一份思想启蒙刊物，也是中国最早介绍社会主义和共产主义思想的刊物。它凝聚了当时中国一大批最优秀的知识分子，陈独秀、李大钊、毛泽东、瞿秋白等一批共产党领导人都在该刊物上发表过作品。

1927 年 5 月 30 日发行的《向导》周报第一百九十六期影印件

该藏品长 25.6cm，宽 18.4cm，厚 0.81cm，纸张发黄。该期《向导》为 1927 年 5 月 30 日发行，收录了大量纪念五卅运动两周年的文章，反映了大革命时期的时代风貌。

《向导》是中国共产党创办的第一份公开发行的机关刊物，主编蔡和森，陈独秀领导刊物的出版，并题写刊名。刊载政论文章，集中宣传中国共产党的民主

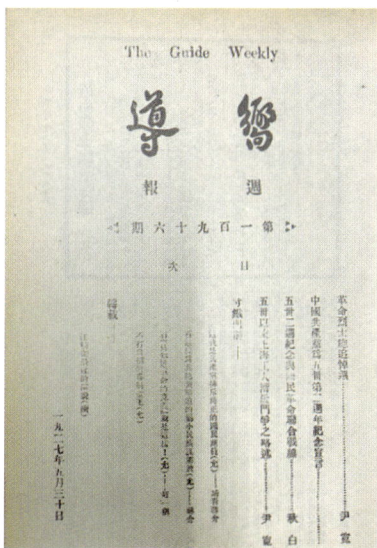

1927 年 5 月 30 日发行的《向导》周报第一百九十六期影印件

革命纲领和以促进国共合作为中心的统一战线策略，批驳敌对宣传和改良主义主张，大力宣传中国共产党反帝反封建的民主革命纲领，被誉为黑夜沉沉的中国的"一线曙光"，是指导千百万苦难同胞前进的"思想向导"。

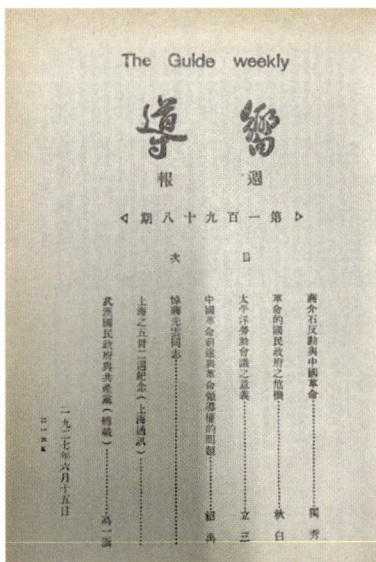

1927 年 6 月 15 日发行的《向导》周报
第一百九十八期影印件

1927 年 6 月 15 日发行的《向导》周报第一百九十八期影印件

该藏品长 25.6cm，宽 18.4cm，厚 0.92cm，纸张发黄。该期《向导》为八七会议前夕 1927 年 6 月 15 日发行，反映了大革命失败之际共产党人对蒋介石反动本质的揭露，并收录有八七会议代表瞿秋白，党的早期领导人陈独秀、李立三等同志发表的文章。

《向导》周报是中共中央第一个政治机关刊物，1922 年 9 月 13 日创刊于上海，后迁至武汉，由蔡和森任主编，后是瞿秋白。它始终把宣传党的纲领和政策放在首要地位，是当时中国影响最大的报纸之一。从创刊到 1927 年 7 月停刊，《向导》共出版了 201 期。

土地革命战争时期中华苏维埃共和国国家银行纸币若干

该套藏品为 1932—1933 年中华苏维埃共和国国家银行发行的壹角、伍角两种面值的纸币。壹角纸币票面为红色，长 9.5cm，宽 5.8cm。伍角纸币票面为棕色，长 10.3cm，宽 6.5cm。

中华苏维埃共和国国家银行从 1932 年 7 月至 1934 年 10 月红军长征，共发行过伍分、壹角、贰角、伍角、壹元 5 种面值的纸币，发行量不大；红军长征时带走了一部分；红军长征后国民党军

中华苏维埃纸币壹角、伍角

队对国家银行纸币进行过"清剿";新中国成立后,人民政府为维护群众利益进行了人民币兑换。现存的中华苏维埃共和国国家银行纸币是群众藏匿在墙缝里保存下来的极其珍贵的纸币。

特色活动

党中央一贯高度重视弘扬爱国主义精神、加强爱国主义教育，党的十八大以来，习近平总书记多次就弘扬爱国主义精神发表重要讲话。2015 年 12 月 30 日，习近平总书记在第十八届中央政治局第二十九次集体学习时指出，爱国主义是中华民族精神的核心。实现中华民族伟大复兴的中国梦，是当代中国爱国主义的鲜明主题。我们要大力弘扬伟大爱国主义精神，大力弘扬以改革创新为核心的时代精神，为实现中华民族伟大复兴的中国梦提供共同精神支柱和强大精神动力。

铮铮话语，指明了培育和践行爱国主义精神的道路与方向；声声箴言，道出了党和国家对当代青年勤学苦练、矢志报国的殷切希望。八七会议会址纪念馆作为全国爱国主义教育示范基地，认真贯彻落实党中央部署和习近平新时代中国特色社会主义思想，高度重视爱国主义教育基地建设，充分发挥爱国主义教育功能，在做好免费开放工作的前提下，积极创新爱国主义教育实践活动。党的十八大以来，八七会议会址纪念馆开展了丰富而具有特色的爱国主义教育实践活动。

一、不可移动文物保护

1978 年 8 月 7 日，八七会议会址纪念馆正式建成开放。初建的八七会议会址纪念馆占地面积 100 多平方米，建筑面积近 500 平方米，共三层。一层为"八七会议历史陈列"展览，二层为复原当年八七会议召开的场景，三层为办公场所。那时的纪念馆初建，观众多为专业的党史研究人员、大学生等，宣传方式也较为单一。

随着党中央对青少年爱国主义教育和革命传统教育的不断深化，大中小学的师生、各级党组织和社会各界的参观者越来越多，这就对纪念馆的客流容纳量提出了新的要求。纪念馆地处武汉市汉口老城区，狭小的空间和简陋的陈列条件已经不能满足现实的需要，纪念馆扩馆势在必行。

1997 年，在八七会议召开 70 周年之际，八七会议会址纪念馆开始筹备第一次扩馆。在武汉市委、市政府的领导下，武汉市政府与黑色金属有限公司签署协议，将与纪念馆相邻的鄱阳街 135 号和 137 号房屋的产权以 280 万元的价格转让给武汉市政府，妥善安置了当时的 14 户居民。武汉市文物办遵循"修旧如初，恢复原状"的原则对 135 号、137 号房屋进行维修保护，恢复历史原貌。

　　历时4年，纪念馆完成第一次扩馆工作任务。2001年8月7日，在中国共产党成立80周年之际，八七会议会址纪念馆一改往日的拥挤，以全新的面貌绽放新姿。扩大后的纪念馆建筑面积和占地面积均扩大两倍，一层辅助展厅由一个扩大为两个；二层除复原会场外，另开辟了专题展厅；三层作为办公区，另设立文物库房、接待室、会议室等，对馆内外环境进行了绿化，后院天井布置了供观众休息的小花园。2004年，中共中央办公厅、国务院办公厅印发《2004—2010年全国红色旅游发展规划纲要》，公布了全国100个经典景区。为改造红色景区的基础设施、环境风貌、陈展水平，国家投入巨资打造各地红色遗址。八七会议会址纪念馆名列其中，借此契机开启了第二次扩馆工程。2005年，八七会议会址纪念馆编制《红色旅游经典景区建设方案》和《可行性研究报告》。按照国家发展和改革委批复的方案，再次征收会址左右两侧3个单元的房屋，在原有基础上扩大一倍面积，同时提升陈展水平。该项目于2010年正式启动，是建馆以来最大规模的建设工程，分为腾退、修缮和陈列展览改造三大部分，总投资4000多万元，先后腾退紧邻原纪念馆的居民26户。在各级领导的关心支持下，经过大家的共同努力，腾退、修缮工作得以顺利完成。

　　2011年再次扩馆后的纪念馆由2001年的3个单元变为6个单元，建筑面积扩展到3036平方米，是建馆之初的6倍多。纪念馆的安保消防等设施得到改善，陈列展览改变了面貌，接待能力进一步增强，与建馆之初相比，发生了翻天覆地的变化，为中国共产党

八七会议会址纪念馆（2001 年完成第一次扩馆）

成立 90 周年献上了一份厚礼，同时也为这座百年老宅赋予了新的生命。

由于历经多次大雨侵蚀，纪念馆文物建筑本体多处木结构构件受到不同程度破坏。2014 年国家文物局拨款对八七会议会址纪念馆本体建筑进行保养修缮，本着注重文物建筑的历史性、真实性、艺术性，严格遵循不改变文物原状、可读性、可识别性、可逆性和最小干预性的原则，修缮工作历时 50 天，解决了屋面漏雨、门窗破损、天棚墙面地板油漆脱落等问题，并对大门进行了更换。

2018 年 7 月，纪念馆申请文物维修专项经费，解决临街的立面墙沿、外墙涂料、门窗油漆脱落、屋面多处漏雨等问题，消除了安全隐患，以崭新的面貌迎接新中国成立 70 周年和世界军人运动会。

八七会议会址纪念馆（2011年完成第二次扩馆）

　　八七会议会址纪念馆修缮工程作为保护和传承不可移动文物的重要举措，对于保护历史遗迹、传承红色基因、弘扬革命传统、提升民众文化素养具有重要意义。以中国共产党成立100周年为重要节点，2021年纪念馆参观量成倍数增长，接待了国外驻华使节代表团以及国内中央宣传部、中央督察组、文化和旅游部等部门来馆参观。

　　参观的需求和要求也随之提高，为了给观众提供更好的服务和体验，2022年纪念馆开启了新的本体建筑修缮保护工程。该项目从前期调查评估，到2019年国家文物局下达立项、2021年省文化和旅游厅正式批复及核准，再到2022年7月正式开工，历时近3年。

主要工程内容包括墙体整修加固、混凝土楼板加固、墙身防潮、内外墙及吊顶抹面修缮、卫生间修缮、排水系统修缮、地面修缮、木楼梯修缮、屋面整修、木构架整修，对木装修进行修缮，新增空调等。修缮工程于2022年7月11日正式开工，9月9日通过中期检查，历时78天，于9月28日完工，12月29日通过初步验收，2023年12月1日通过终期检验。

此次施工时间短、任务重、责任大、困难多，同时经历了多年未有的极端高温天气。工程项目中的工作亮点如下：一是红瓦坡屋檐1200片不同程度损坏，纪念馆遵循修旧如旧的原则，遍寻武汉市大街小巷，最终寻得年代、质地、形状接近的瓦片进行了

2023年修缮后的八七会议会址纪念馆

更换。二是水务局检修市政管网时，发现馆内存在暗渗。纪念馆通过与各方协调，进行主水管改造。在不破坏地面的情况下，从建筑背面重新走管道，最大限度地保护文物建筑，消除了暗渗淘空的重大隐患。三是加固过程中发现二楼、三楼楼板存在多处裂缝，这是纪念馆历次维修中从未发现的问题，通过利用碳纤维进行加固解决了楼板问题。四是对梁柱部位增加10处沉降观测点，定期采集数据，了解动态数据，发生偏离及时处置，做到科学防范。

八七会议会址纪念馆修旧如旧，保留了历史的风貌，黄墙红瓦，屹立在鄱阳街139号街头，讲述着这片土地上的红色记忆。

二、特色专题展览

（一）纪念馆临时展览

2020年是八七会议会址坐落的怡和新房建成100周年，纪念馆结合时事举办临时展览3个。其中《八七会址百年沧桑》专题展于2020年8月7日展出。专题展分3个部分："1927风云际会""红色史迹重获新生""历史见证革命传承"，展现了八七会议会址100年的历史变迁。

《八七会址百年沧桑》专题展

2021 年为迎接建党百年，八七会议会址纪念馆特别策划与中共一大纪念馆联合举办了《星火初燃　开天辟地——中国共产党建党

《星火初燃　开天辟地——中国共产党建党百年特展》在纪念馆二楼临时展厅开展

百年特展》，聚焦中国共产党从萌芽到成立、从孕育到诞生的历史进程，深入展示共产党早期组织与中国共产党创建的历史关联，探寻中国共产党成为中国革命、建设、改革领导力量的历史逻辑、实践逻辑、理论逻辑。展览于 2021 年 5 月 1 日在纪念馆二楼临时展厅开展，受到来馆开展党史学习教育的个人和团体观众的热烈欢迎。

同年 10 月，八七会议会址纪念馆与上海鲁迅纪念馆合作举办了《信仰的力量——纪念陈望道同志特展》，通过展示翻译出版第一个《共产党宣言》中文全译本的陈望道追寻真理的一生，再现了马克思主义在中国从理论走向实践的光辉历程，对以陈望道同志为代表的在中国传播马克思主义的先驱致以崇高敬意和深切缅怀。

2022 年，八七会议会址纪念馆从福建省革命历史纪念馆引进《以史为鉴　开创未来——党的一大到十九大》专题展，10 月 1 日在八七

《以史为鉴　开创未来——党的一大到十九大》专题展

会议会址纪念馆二楼临时展厅开展。系统回顾和梳理了中国共产党历次全国代表大会的内容，充分展现了中国共产党的光辉发展历程。

2023 年完成原创临展《历史的印记——纪念八七会议会址纪念馆建馆 45 周年文物藏品特展》，于 5 月 1 日在纪念馆二楼临时展厅正式对外开放。纪念馆自 1978 年 8 月 7 日成立以来，征集到大量会议记录复制件、会议代表发言复制件、会议代表使用物品、当时的报刊以及各种革命文物。这些文物是重要的历史见证，同全国各地的红色革命文物一样重要。纪念馆将这些文物整理出来，挑选合适的契机进行展出，是对历史凝重地回望。

《历史的印记——纪念八七会议会址纪念馆建馆 45 周年文物藏品特展》

2024 年为纪念五四运动 105 周年，纪念馆特别引进北京鲁迅博物馆的展览《曙光·伟业——五四运动与中国共产党的创立》，于2024年2月26日在八七会议会址纪念馆二楼临时展厅展出。

该展览分"点燃新文化的火炬"和"吹响新时代的号角"两大部分，共展出230余幅历史图片及40余件实物展品，主题鲜明、结构合理、史料翔实。展览以五四新文化运动发展史、传播史为线索，展示了五四新文化运动与马克思主义在中国早期传播、中国共产党创建的内在关联，重现了五四新文化运动对马克思主义在中国传播产生的巨大促进作用，弘扬了五四精神和伟大建党精神。

《曙光·伟业——五四运动与中国共产党的创立》

（二）纪念馆巡展

1. 省内巡展

2020年纪念馆制作巡展5个，其中小型图片展3个，线上展览 2 个。

6月推出《传承文化瑰宝　守护自然之家》图片展，在宗关街道水厂社区、黎黄陂路街头博物馆展出。结合时政热点、创新宣传方式制作《绿色行动：共筑垃圾分类新风尚》和《铭记历史　珍惜和平——纪念抗日战争胜利75周年》图片展，线上展览和线下巡展相结合开展活动，受到网友和观众的一致好评。8月，配合文明创建工作推出《全国道德模范》图片展在纪念馆二楼展出。9月至11月，巡展《大国脊梁　民族英雄——百名英雄模范人物图片展》走进了三屋台村和火箭军社区。

2021年为庆祝中国共产党成立100周年，在武汉市党史学习教育中发挥纪念馆红色纪念地的突出作用，策划制作《大国脊梁

巡展《大国脊梁　民族英雄——百名英雄模范人物图片展》走进三屋台村

《星火初燃江汉间——湖北地区早期党组织的创建图片展》开展仪式在华中师范大学图书馆举行

民族英雄——百名英雄模范人物图片展》和《星火初燃江汉间——湖北地区早期党组织的创建图片展》，开展红色惠民巡展活动 23 场。在景区游客、村民群众、高校学生、企事业职工中引发了广泛关注和踊跃参观，掀起了党史学习教育的热潮。

其中《星火初燃江汉间——湖北地区早期党组织的创建图片展》图文并茂地反映了湖北地区共产党早期组织的独特创建过程，用史实雄辩地证明中国共产党的诞生是历史的必然。该展览从中国共产党早期青年运动领袖恽代英的母校华中师范大学出发，开启了武汉市巡展的序幕。

2021 年 6 月 23 日《伟大的历史转折——八七会议历史陈列》走进黄石市，开展仪式在黄石市开发区铁山区熊家境社区隆重举行。为配合该展览展出，黄石市开发区铁山区委宣传部组织了红色读书会、重温入党誓词、观看革命电影等活动。展览在黄石市产生了热烈反响，居民群众和党员干部慕名前来，感受红色文化带来的震撼和鼓舞。

《伟大的历史转折——八七会议历史陈列》在黄石市开发区铁山区熊家境社区开展

2022 年，纪念馆顶住本体维修工程时间紧、任务重的巨大压力，统筹发展和安全，坚持保质保量举行红色惠民巡展，推出《伟大的历史转折八七会议——纪念八七会议召开 95 周年图片展》等展览，开展进社区、进企业、进学校、进乡村、进景区的"五进"巡展 20 场，其中进乡村 9 场（包括 1 场廉洁文化主题进乡村），开展进新经济组织、新社会组织的"两新"展览 1 场。

2023 年推出《百年风华正茂——纪念〈中国青年〉创刊百年

巡展《伟大的历史转折八七会议——纪念八七会议召开 95 周年图片展》走进武汉科技大学

特展》《传承文化瑰宝 爱我锦绣中华》《对话 1927》有声展等多个巡展。全年举办"五进"巡展 23 场，其中联合巡展 5 场，进乡村 1 场，进"两新"组织 2 场，争做传播革命火种的红色先锋、深入群众文化生活的惠民先锋。

在纪念八七会议召开 96 周年活动中《对话 1927》有声展首次在观众面前亮相

截至 2024 年 6 月，举办"五进"巡展 14 场。推出《历史的印记》《四渡赤水出奇兵》《伟大的历史转折——八七会议历史陈列》《对话 1927》《传承文化瑰宝　爱我锦绣中华》等 6 个主题巡展，举办"五进"巡展活动 14 场。让广大游客在游览武汉美景的同时，观展览、学党史，为节日火爆的旅游市场增添了一道亮丽的红色风景线。

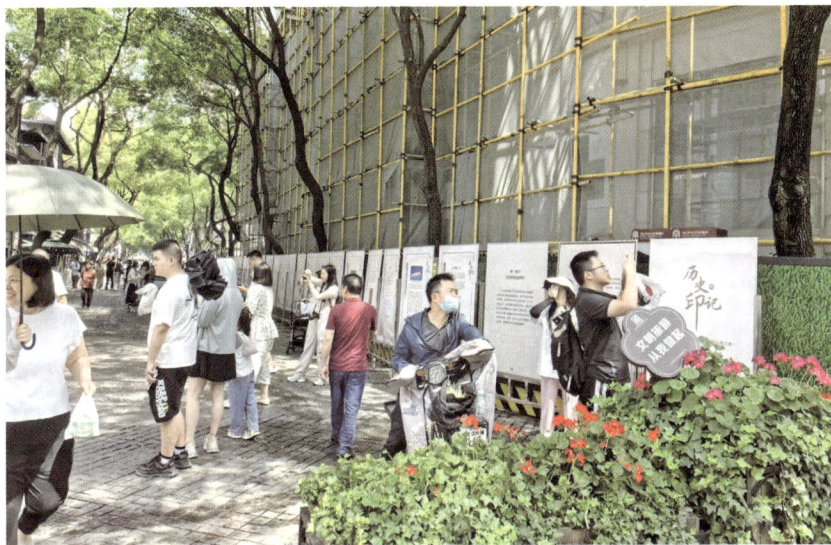

巡展《历史的印记》走进黎黄陂路街头博物馆

2.省外巡展

2021 年八七会议会址纪念馆积极发挥红色资源优势，跨城跨省开展展览交流合作活动，分别向上海、黑龙江输出展览 2 个，助力相关宣传单位开展党史学习教育活动，同庆建党百年。

6 月 25 日至 9 月 5 日输出展《伟大的历史转折——八七会议

《伟大的历史转折——八七会议历史陈列》在上海鲁迅博物馆展出

历史陈列》在上海鲁迅博物馆展出，上海鲁迅博物馆对该展览进行了大力宣传，展览原定于 8 月 8 日撤展，因观众反响热烈，一再延期。至 9 月 5 日撤展，总观众量达 4 万余人次。

6 月 23 日至 7 月 31 日输出展《大国脊梁　民族英雄——庆祝中国共产党成立 100 周年百名英雄模范人物图片展》在黑龙江省海伦市博物馆展出，展览图文并茂介绍了 100 名为新中国成立作出突出贡献的英雄模范人物，激励人们不忘初心、继续前进，弘扬了以伟大建

《大国脊梁　民族英雄——庆祝中国共产党成立 100 周年百名英雄模范人物图片展》在黑龙江省海伦市博物馆展出

党精神为源头的中国共产党人精神谱系。

2022 年制作《伟大的历史转折——八七会议》输出展，与常州

三杰纪念馆联合举办展览活动，于 10 月 1 日至 11 月 15 日在张太雷纪念馆信仰空间展出。

2023 年 8 月 5 日至 9 月 20 日，八七会议会址纪

《伟大的历史转折——八七会议》输出展在张太雷纪念馆信仰空间展出

念馆与北京鲁迅博物馆（北京新文化运动纪念馆）联合主办的《伟大的历史转折——八七会议》专题展在北大红楼开幕。

《伟大的历史转折——八七会议》专题展在北大红楼开幕

该展览为纪念馆基本陈列输出展。通过联合打造高质量展览，向首都观众翔实而生动地展现了 1927 年大革命失败以后，在中国共产党处于生死存亡的危急关头，革命先辈们力挽狂澜，于 8 月 7 日在汉口召开八七会议，挽救党挽救革命的光辉历史。

2023年10月19日至12月底，输出展《伟大的历史转折——八七会议历史陈列》在右江民族博物馆展出。该展览在广西壮族自治区百色市产生了良好反响，在传承弘扬红色文化中铸牢中华民族共同体意识。

《伟大的历史转折——八七会议历史陈列》输出展在右江民族博物馆展出

三、品牌社会教育活动

（一）"红领巾小小讲解员"品牌活动

八七会议会址纪念馆一直以来都非常重视未成年人思想道德建设工作。为了让青少年更好地了解红色文化，讲好红色故事，2016

年八七会议会址纪念馆"红领巾小小讲解员"项目正式创立。

现在，纪念馆"红领巾小小讲解员"培育工作已有多年经验，硕果累累。先后培养了来自江岸区 10 多所小学的小小讲解员 100 多名，他们不仅圆满完成了纪念馆内的各类重点社会教育活动、调研接待及志愿讲解服务，还在省、市比赛中取得了优异成绩，赢得社会好评。"红领巾小小讲解员"辐射到的各类社会教育活动惠及公众十分广泛。

"红领巾小小讲解员"活动

活动时间	活动内容	活动场次
2016 年 3 月 19 日	"红领巾小小志愿者"培训	2 场
2016 年 4 月 7 日	"红领巾小小讲解员"考核	1 场
2016 年 4 月 21 日	"红领巾小小讲解员"培训	1 场
2016 年 5 月 26 日	鄱阳街小学"红领巾小小讲解员"培训	1 场
2016 年 6 月 16 日	鄱阳街小学"红领巾小小讲解员"考核	1 场
2017 年 3 月 18 日	江岸区第二批"红领巾小小讲解员"培训	1 场
2017 年 6 月 15 日	江岸区第二批"红领巾小小讲解员"结业培训	1 场
2017 年 8 月 29 日	江岸区第二批"红领巾小小讲解员"结业培训	1 场
2018 年 6 月 5 日	江岸区第三批"红领巾小小讲解员"理论集训	1 场
2018 年 8 月 22 日	江岸区第三批"红领巾小小讲解员"培训	1 场
2018 年 8 月 23 日	江岸区第三批"红领巾小小讲解员"考核	1 场
2019 年 1 月 4 日	江岸区第三批"红领巾小小讲解员"加强培训（拓展）	1 场
2019 年 1 月 5 日	江岸区第三批"红领巾小小讲解员"考核（拓展）	1 场
2019 年 7 月 11 日	江岸区第四批"红领巾小小讲解员"集训	1 场
2019 年 7 月 12 日	江岸区第四批"红领巾小小讲解员"分组培训	1 场

活动时间	活动内容	活动场次
2019 年 8 月 21 日	江岸区第四批"红领巾小小讲解员"考核	1 场
2020 年 7 月 1 日	江岸区"红领巾小小讲解员"宣传片拍摄彩排活动	1 场
2020 年 7 月 3 日	江岸区"红领巾小小讲解员"宣传片拍摄彩排活动	2 场
2021 年 5 月 21 日	江岸区青少年党史学习教育主题实践活动启动仪式	1 场
2021 年 10 月 15 日	江岸区第五批"红领巾小小讲解员"培训	1 场
2021 年 10 月 17 日	江岸区第五批"红领巾小小讲解员"考核	1 场
2022 年 6 月 26 日	"十佳红领巾小小讲解员"评选大赛	1 场
2022 年 8 月 7 日	"红领巾小小文旅大使"场馆实训课之"八七会议"	1 场
2022 年 12 月 5 日	湖北省"红领巾小小讲解员"大赛	1 场
2023 年 8 月 14 日至 15 日	江岸区第六批"红领巾小小宣讲员"培训	2 场
2023 年 12 月 30 日	江岸区第六批"红领巾小小宣讲员"年终总结活动	1 场
2024 年 2 月 26 日	"老街探寻 开启红色之旅"开学第一课活动	1 场

2022 年 10 月，湖北省博物馆协会社会教育专业委员会组织专家评审，八七会议会址纪念馆"红领巾讲党史"小小宣讲团被评选为"喜迎二十大 强国复兴有我——青少年荆楚文物我来讲"

纪念馆"红领巾小小讲解员"合影留念

优秀志愿服务项目。

（二）志愿者队伍建设

党的十八大以来，八七会议会址纪念馆志愿服务项目逐步走向深入、迈向成熟。"八七红"志愿服务队自成立以来，通过馆校、馆企共建等形式吸纳来自各企事业单位、各大高校优秀青年志愿者200余人。为了提升志愿者的服务质量，打造一支更具文物与博物馆学专业性的志愿者团队，纪念馆对报名者简历进行严格审核，并通过面试、复试等环节进行筛选。

志愿者活动

活动时间	活动内容	活动场次
2023年10月至12月	"八七红"中国东航空乘部志愿服务队实训活动	4场
2024年3月5日	"八七红"志愿服务队参与汉阳区学雷锋"文明实践我行动"活动	1场

2023年，湖北交通职业技术学院25名学生，为纪念馆提供志愿服务。纪念馆社会教育老师对大学生志愿者进行讲解内容、仪

大学生志愿者在纪念馆门前合影

态、应变能力等全方位的培训后，这些学生顺利地为纪念馆提供了优质的志愿服务，获得了参观观众的好评。

2023年9月20日，八七会议会址纪念馆"八七红"志愿服务项目——中国东航空乘部志愿服务队培训正式启动。中国东方航空郭宾雪空中服务创新工作室招募近40名优秀空乘人员加入"八七红"志愿服务队中，经过4次培训，成为志愿服务的新生

"八七红"东航客舱志愿服务实训图片

力量。他们表示将把所学所感带到工作中，在飞行途中向旅客传播红色文化，向世界展示中国革命精神。

志愿者招募活动为纪念馆志愿者团队注入了新的活力，为更多热衷公益事业、愿为传播红色历史文化奉献力量的人提供了平台，为弘扬志愿服务精神和红色革命精神作出了贡献。

2024年纪念馆继续与湖北大学、江汉大学、武汉市体育学院、汉口学院合作，配合武汉市第四次全国文物普查"青年行"活动，为在校大学生提供文物保护实践平台，以干代训，也为纪念馆的志愿者队伍注入新鲜血液。

（三）"八七红色教育课"系列课程

纪念馆创建"八七红色教育课"系列课程，深入挖掘红色文化内涵，以爱国主义教育和革命传统教育为主要内容，遵循"重参与、重体验、重过程"的教育原则，进一步丰富纪念馆的爱国主义教育形式，将爱国主义教育进行分众化策划与实施，打造具有延续性，能够形成系列的爱国主义教育课程。

2021 年"八七红色教育课"系列课程入选文化和旅游部资源开发司与中国青年报社主办的"红色旅游进校园"案例作品征集展示活动优秀案例。在 2021 年度江岸区志愿服务工作中，"八七红色教育课"系列课程项目成绩突出，被推选为江岸区"最佳志愿服务项目"。

1. "八七红色教育课"系列课程——"红色油纸伞"

2019 年纪念馆推出"红色油纸伞"系列课程，课程是结合中国传统节日、时事热点推出的不同主题的爱国主义教育课程，以中华优秀传统文化为载体，让少年儿童在互动与实践中感受中华优秀传统文化的魅力，培育和践行社会主义核心价值观，引导少年儿童传承中华文明，弘扬民族精神，让红色文化入脑入心。2019 年 4 月 3 日，纪念馆的工作人员前往武昌实验寄宿小学南湖校区，为近 100 名学生带来"纸伞寄情敬英烈"主题课程。2019 年 6 月 10 日，带着"绘出红色记忆　文物你我守护"主题课程走进武汉市铁四院学校。2019 年 11 月 4 日，走进梅苑小学，开展了一堂别开生面的

学生在油纸伞上绘出
红色记忆

主题课程走进武汉市
梅苑小学

纪念馆社会教育老师
授课现场

中华优秀传统文化和革命精神的红色教育课，以中华优秀传统文化熏陶爱国之心。

2. "八七红色教育课"系列课程——中国剪纸课程

剪纸艺术是中国最古老的民间艺术之一，它不仅是我国民间艺术的一块瑰宝，也是一项手脑并用的实践活动。对折、慢剪……纪念馆社会教育老师一边讲解作品的创作方法，一边耐心、细致地指导居民们进行一步步操作。此次活动在一定程度上拉近了广大居民与非物质文化遗产剪纸艺术的距离，引导大家欣赏非遗、热爱非遗，从而有意识地保护非遗、传播非遗。2023年，文化和自然遗产日前夕，纪念馆"八七红色教育课"系列课程走进先锋社区，带领社区居民领略老汉口的人文、历史，感受非遗魅力。从历史文化引申至非遗传承，纪念馆社会教育老师将剪纸技艺融入课堂中，激起了居民们极大的兴趣。

"八七红色教育课"系列课程走进先锋社区

3. "八七红色教育课"系列课程——革命历史课程

2023 年"世界读书日"来临之际，中共江岸区委宣传部江岸区文化和旅游局联合策划开展第七届"写江岸·读江岸"全民读书月系列活动。4 月至 6 月，纪念馆工作人员走进街道、社区、学校，开展"寻迹红色江岸 聆听革命回响""武汉之眼·汉口老街记忆"等共 10 场红色阅读主题活动，讲述革命时期的红色故事，让红色精神赓续不断，源远流长。

5 月 11 日上午，由江岸区委宣传部、区文旅局和区教育局主办，江岸区图书馆、八七会议会址纪念馆和黄陂路小学承办的武汉江岸区第七届"写江岸·读江岸"全民读书月系列活动之红色阅读进校园活动，走进武汉市江岸区黄陂路小学。

纪念馆的工作人员为现场 30 余位学生和老师带来了一堂生动有趣的"八七红色教育课"——"武汉之眼·汉口老街记忆"，教

纪念馆工作人员走进黄陂路小学讲授"武汉之眼·汉口老街记忆"

育引导广大师生铭记红色历史、追寻红色足迹、传承红色基因、弘扬革命精神，让红色文化入脑入心。

2023年6月30日，纪念馆与一元街道工委、一元街道新时代文明实践所共同开展庆"七一"活动。课程通过讲述英雄事迹，重温革命历史，将红色故事和红色旧址相结合，使居民深切感受到那些曾经为了民族独立和人民幸福而奋斗的英雄们所付出的艰辛和作出的牺牲，瞻仰中国共产党人的精神风貌，传承红色基因，厚植爱国情怀。

纪念馆与一元街道合作讲授历史人物课程——林祥谦

（四）特色文化主题活动

1."百年征程 初心如磐"中国共产党成立100周年主题献礼活动

2021年是中国共产党成立100周年，八七会议会址纪念馆紧密结合习近平总书记重要讲话精神，积极进取、开拓创新，在建党百年之际开展"百年征程　初心如磐"中国共产党成立 100 周年主题献礼活动，讴歌党的丰功伟绩，讲好新时代中国故事。

与会人员在 30 余名社会各界观众扮演的"会议代表"的带领下齐唱《没有共产党就没有新中国》，合唱完毕后进入展厅，全体

观众与参演人员在纪念馆前合唱《没有共产党就没有新中国》

党员在党旗下重温入党誓词

党员在党旗下重温入党誓词。

活动首次使用虚拟现实技术打造"VR 沉浸式体验区",采用影像互动式展览,深度还原在敌人眼皮子底下召开的八七会议会场,让观众身临其境了解八七会议选址原因。

打造多媒体互动区,观众可以在活动区内录制短视频,参与互动答题等活动,表达对建党百年的美好祝愿;在纪念馆与湖北日报社联合设置的立式打卡生成海报设备上,观众可自拍、合影生成电子海报(背景为八七会议会址门牌、二楼会址复原等场景),留下建党百年的珍贵照片,同步转发朋友圈,扩大活动影响力和覆盖面。

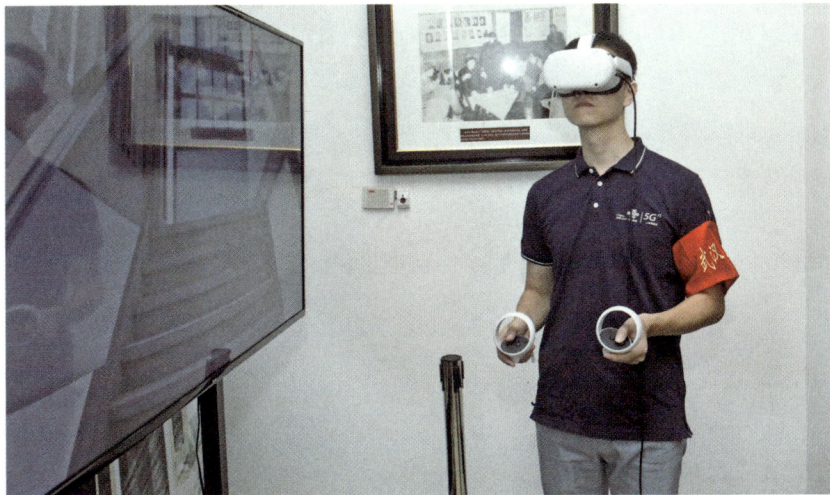

志愿者在"VR 沉浸式体验区"为观众演示如何操控 VR 设备

作为本次活动的一大亮点,纪念馆别出心裁地制作了宣传片《初心如炬 百年传承》,献礼建党百年。宣传片特邀请瞿秋白、任弼时、张太雷、蔡和森、杨匏安、王荷波等会议代表后人,

纪念馆工作人员赴福州寻访会议代表后人——王荷波侄孙王飞（左三）

纪念馆工作人员赴珠海寻访会议代表后人——杨匏安之子杨文伟（右一）

纪念馆工作人员采访会议代表后人——杨匏安儿媳郑梅馨（左三）

纪念馆工作人员赴北京寻访会议代表后人——张太雷外孙冯海龙（左一）

纪念馆工作人员赴北京寻访会议代表后人——瞿秋白外孙女李小云（右一）

任弼时之女任远芳为纪念馆建党百年活动题字（左一）

蔡和森之女蔡转弹奏
《我和我的祖国》

围绕"传承与对话"这一主题，将老一辈共产党人恪守初心、不怕牺牲的精神传承给新时代的共产党员，激励和启发党员们铭记红色历史、传承红色基因，在新时代继续以昂扬的姿态谱写历史新篇。

2."红色传承 八七力量"——5·18 国际博物馆日系列活动

2022 年 5 月 18 日是第 46 个国际博物馆日，主题为"博物馆的力量"。八七会议会址纪念馆在这一年开展"红色传承 八七力量"——5·18 国际博物馆日系列活动。在湖北省内外 20 多家博物馆联动开启"5·18 国际博物馆日"百小时融媒体大直播的《红色荣耀》专场直播中，纪念馆社会教育老师带大家"云"游八七会议会址纪念馆、听红色讲堂、看精美文创。线下部分，纪念馆围绕"博物馆的力量"主题组织开展"寻迹红色江岸 聆听革命回响"活动。30 多名来自江岸区模范路小学的学生代表通过参观八七会议会址纪念馆、聆听"八七红色教育课"、参与现场互动答题等多种形式，品峥嵘岁月，悟革命精神。

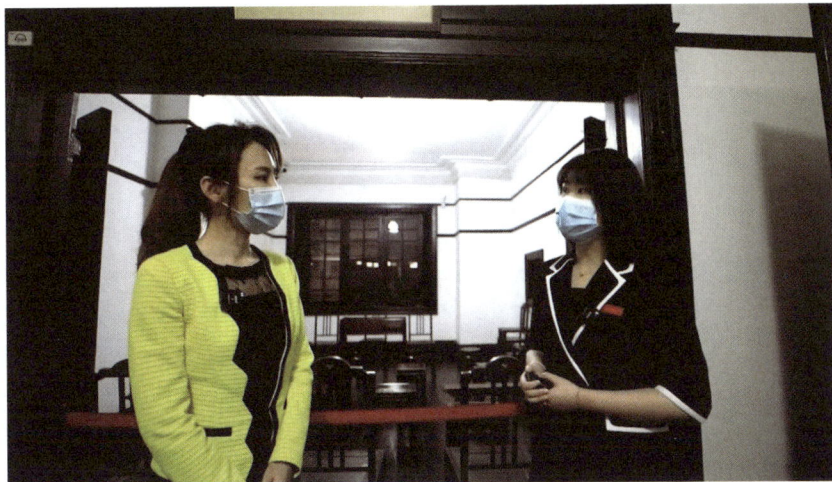

纪念馆社会教育老师带大家"云"游八七会议会址纪念馆

江岸区模范路小学的学生代表参观八七会议会址

3. "老街里的'红色文化'"主题活动

2023年5月18日，纪念馆主办了"老街里的'红色文化'"主题活动。纪念馆讲解员带领线上线下观众探访老街，聆听馆长说文物背后的故事，感受红色文创精神，共同领略武汉老街里的红色历史，赓续红色血脉。

纪念馆作为湖北省唯一一家协办单位，参与由国家文物局指导，中国文物报社、抖音集团主办的"在博物馆遇见美好生活"博物馆文创新品推广周活动。截至5月21日，该活动话题线上浏览量已超5亿人次。

纪念馆"老街里的'红色文化'"主题活动得到了社会各界和新闻媒体的广泛关注。中央级媒体，省、市级主流媒体及行业自媒体通过新媒体矩阵累计发布200余篇综合报道，50余篇独家报道。

活动推广宣传

4. "赓续历史文脉 谱写当代新篇"——5·18 国际博物馆日主题活动暨"八七红·共享思政课"项目

2024 年 5 月 18 日是第 48 个国际博物馆日，主题为"博物馆致力于教育和研究"。纪念馆在当天上午开展"赓续历史文脉 谱写当代新篇"主题活动，并举行"八七红·共享思政课"项目启动仪式。活动由湖北日报客户端全程直播，同时参与由国家文物局指导、中国文物报社和抖音集团主办的"与博物馆同行"文创礼遇季系列直播活动，20 余万观众参与这堂"共享思政课"。

活动开场，纪念馆副馆长赵丽对本次活动致辞，开启"八七红·共享思政课"。随后，纪念馆宣传教育部主任荆菁介绍

"八七红·共享思政课"项目启动

"八七红·共享思政课"项目，全新推出"博物知履""知行课堂""非遗新传"三个课程模块，将红色文化融入新时代"大思政课"，将思政"小课堂"与社会"大课堂"有机结合，让思政课"走新"更"走心"。

在纪念馆序厅，"镇馆之宝·馆长说"第二季正式开讲。纪念馆副馆长赵丽向现场和直播间的观众将国家一级文物——"八七会议会址纪念馆"题字的来历娓娓道来。

博物知履：镇馆之宝·馆长说

邀请国家一级演员、湖北省曲艺家协会主席陆鸣作为直播嘉宾，漫步于八七会议会址片历史文化街区与一元路片历史文化街区，开启全新知行课堂：老街新韵。

纪念馆旁的黎黄陂路青春市集人潮涌动，不少游客在"八七红色文创展示区"驻足，听工作人员介绍首次展出的红色文创——陶韵传世·湖北马口窑。

八七会议会址纪念馆携手马口窑非遗传承人，将中华优秀传统文化和红色文化相融合，以"非遗新传"的创新形式，让每一件陶器都成为讲述历史故事的生动载体。

陆鸣（右二）介绍知行课堂：老街新韵

纪念馆工作人员介绍"非遗新传"：湖北陶·马口窑

（五）线上云端主题活动

2020 年，纪念馆审时度势，顺势而为，改变了以开展阵地活动为主线的工作传统，将宣传重心转移到"云端"。通过开设云直播、讲授云课程、搭建云展厅、传播云新声等手段，拓宽了宣传教育的途径，更新了红色文化传播的方式，更重要的是完成了线上博物馆、纪念馆服务方式的转变，为公众提供安全便捷的服务。

1. "英雄武汉英雄城　革命精神永传承"——武汉革命文物线上展示月活动

2020 年 5 月 31 日，由国家文物局指导，湖北省文化和旅游厅、中国文物交流中心联合主办的"英雄武汉英雄城 革命精神永传承"——武汉革命文物线上展示月活动走进纪念馆。全国观众足不出户，就可以享受纪念馆讲解员的精彩讲解，倾听革命文物背后的动人故事，真切感悟革命先辈的英雄事迹，重温武汉英雄城的峥嵘岁月，激发人民群众的爱国热忱，激励大家牢记使命、砥砺前行。

2. "同心筑梦 同城共进"武汉城市圈 9 城 9 小时联动大直播

2021 年 5 月 25 日，由中共武汉市委宣传部、中共武汉市委网信办、武汉市发展和改革委指导，武汉广播电视台统筹协调，黄石、鄂州、孝感、黄冈、咸宁、仙桃、潜江、天门、武汉 9 个城市广播电视台（融媒体中心）执行的"同心筑梦 同城共进"武汉城市圈 9 城 9 小时联动大直播走进纪念馆。

"同心筑梦 同城共进"武汉城市圈 9 城 9 小时联动大直播宣传海报

本次直播活动在武汉广播电视台、人民日报、中国网等央媒新媒体平台、Facebook-Wuhan Plus 平台、全国城市交换数据云平台、武汉城市圈各城市广播电视台（融媒体中心）新媒体矩阵同步直播、全面推发。9 个城市 26 个点位的直播内容精彩纷呈，充分展现了城市之美，各方反响热烈，网友纷纷点赞。

3. 大型直播《庆祝建军 96 周年　打卡两座英雄城》主题活动

2023 年 8 月 1 日上午，极目新闻联合高度新闻（江西晨报），共同策划的大型直播《庆祝建军 96 周年　打卡两座英雄城》强势刷屏。该直播在极目新闻抖音、快手、视频号、客户端等平台同步直播，浏览量近 30 万人次。

八七会议会址纪念馆在本次直播活动中作为湖北武汉唯一的红色地标打卡点，与江西南昌八一起义纪念馆共同讲述中国人民解放军建军的故事。

直播《庆祝建军 96 周年　打卡两座英雄城》

4. 讲授多样云端课程

纪念馆"八七红色教育课"系列课程——素质教育进课堂，已经在武汉各中小学授课 100 余场，赢得了广大师生的一致欢迎。同学们在愉悦的氛围中学到了红色知识，感受到了中华优秀传统文化的博大精深。纪念馆积极主动创新，将"八七红色教育课"系列课程提升为云课程，以线上课程的形式，让武汉全市中小学生接受爱国主义教育。

2020 年纪念馆推出《汉口租界 100 年》。该云课程帮助同学们更好地理解租界是什么和汉口租界的成因，结合史料视频以及专家讲解，向同学们讲述汉口五国租界中最具历史代表性的建筑和红色场馆，让同学们对汉口百年历史有了进一步了解。

《追溯武汉——英雄的城市》。该云课程向同学们普及武汉的人文历史，讲述武汉英雄事迹，让同学们深刻地认识武汉从古至今都是拥有英雄历史、英雄人物、英雄人民的伟大城市，让同学们能够深入认识武汉，激发他们对江城的热爱，提高主人翁意识。

2021年农历牛年，纪念馆开展"八七红色教育课"系列课程云课程《牛年到　乐淘淘》。通过对节日民俗的介绍，结合动画、线上互动、线下答题等多种形式，扩大同学们对春节民俗知识的了解，开阔视野，丰富课外课堂，激发他们对中国传统节日和传统文化的热爱。

5. 传播云新声——声动博物馆

2022年，纪念馆与武汉音乐广播电台创新合作模式，制作《8月的武汉，见证重大转折——风雨沧桑》《这六个字，见证一段历史——风云时代的见证》《曾在武汉的红色恋人——金别针》等文本，在黄金时段播出，将八七会议召开的历史背景、筹备过程、会议议程、会址复原等内容以口述的形式呈现给观众，带来全新的视听感受，做到了让文物会说话，让文物活起来，打造一座耳朵里的纪念馆。

6. 传播云快讯——短视频传播

在新媒体快速发展的环境下，短视频平台为红色文化传播提供了新的路径。八七会议会址纪念馆与时俱进，开拓红色文化传播的新途径，陆续打造纪念馆官方抖音、快手、百家号、哔哩哔哩等新媒体平台，在及时更新纪念馆活动信息的同时，制作系列专题短视频，多平台联动推出，通过优质鲜活的内容，丰富多样的形式，让红色文化走进公众生活，扩大红色文化传播范围。

近年来，纪念馆精心制作推出《扭转历史的关键时刻——八七会议》《家门口的纪念馆》《武汉道路之最》《武汉路名之最》《星火燎原 光耀未来》系列短视频，以大众喜闻乐见的形式传播红色文化。2023 年，全年制作推出宣传教育短视频 16 条，通过点赞、转发、评论视频内容等形式，与观众进行互动，增强红色文化传播效果，助力红色基因传承。

四、文创发展

（一）打造主题系列文创产品

2022 年，八七会议会址纪念馆在由中华文物交流协会、中国文物报社主办的第二届全国文化创意产品推介活动初评会议中，获评"全国文博百强文创产品单位"。纪念馆紧密结合习近平总书记关于革命文物以及文创产业发展等重要讲话精神，紧密结合现有的文物藏品及文物本体，开拓创新，打造"八七文创"文化创意产品品牌，旨在通过创意产品传承和弘扬红色文化。"八七文创"产品品类丰富，不仅有钥匙扣、冰箱贴等装饰工艺品，还有笔记本、帆布袋等学习和生活用品。在兼具实用性的同时，产品设计上还融入了红色文化元素。目前开发的文创产品分为3个系列："八七印记"系列、"馆藏文物"系列、"青春之光"系列。

1."八七印记"系列文创

"八七印记"书签套盒：由书签、签字笔以及手账本组成。书签材质为金属（黄铜），书签正面雕刻有八七会议会址纪念馆馆名和图标，反面为标尺及6个具有特殊意义的时间：1921年，中国共产党成立；1927年，纠正党内右倾机会主义错误的八七会议召开；1935

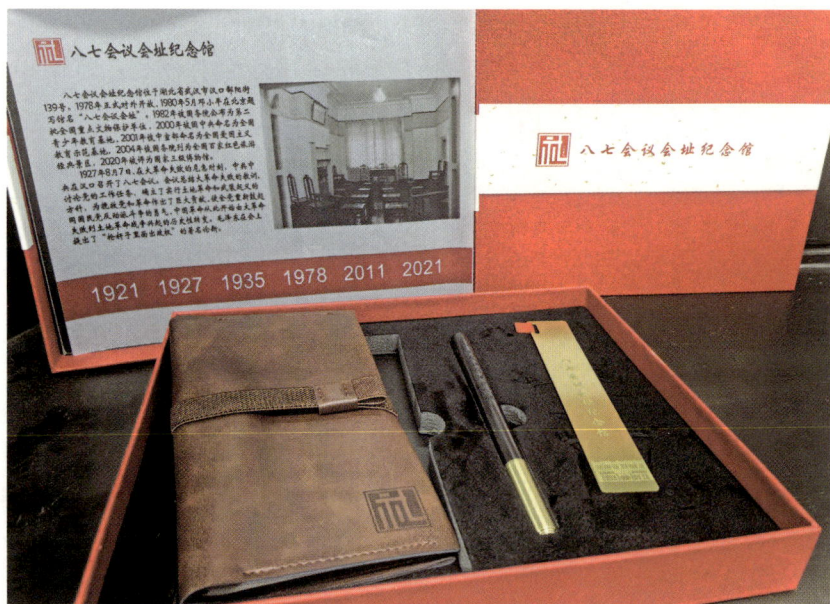

"八七印记"书签套盒

年，纠正党内"左"倾错误的遵义会议召开；1978年，改革开放，八七会议会址纪念馆正式成立并对外开放；2011年，中国共产党成立90周年，八七会议会址纪念馆扩建；2021年，中国共产党成立100周年。签字笔为酸枝铜木笔，笔上雕刻"八七会议会址纪念馆"。手账本的封面右下角为八七会议会址纪念馆的印章图案，八七会议召开的时间"1927.8.7"。套盒内附有一张八七会议会址纪念馆的简介，内容为八七会议会址纪念馆的介绍以及八七会议在中国共产党历史中的意义。这套产品的设计初衷是为庆祝中国共产党成立100周年，通过几个重要的时间节点回顾中国共产党从成立到百年的红色历程，希望社会各界了解党的光辉历史，通过笔和纸传承红色历史文化。

"八七印记"冰箱贴：这是一款集艺术性、实用性、教育性于一体的红色文创产品。它通过创新的设计和深厚的文化内涵，为公众提供了一种新颖的红色文化体验方式。作为全国爱国主义教育基地的标志性文创产品，它不仅是一款有纪念意义的旅游纪念品，也是一款具有红色文化特色的收藏品。而

"八七印记"冰箱贴

且在设计上与纪念馆的纪念章相呼应，让"红色文化符号"走进千家万户。

"八七印记"帆布袋：目前开发了两款样式，它从红色文化中汲取灵感，同时结合了八七会议会址纪念馆建筑特色的设计元素，比如建筑的造型等。在材质选择上，帆布袋采用12安涤棉帆布，这种材料结实耐磨，确保了帆布袋的耐用性和实用性。帆布袋不仅是实用的日常用品，也是传播红色文化、武汉文化的重要载体，让消费者在使用过程中感受到文化的力量。

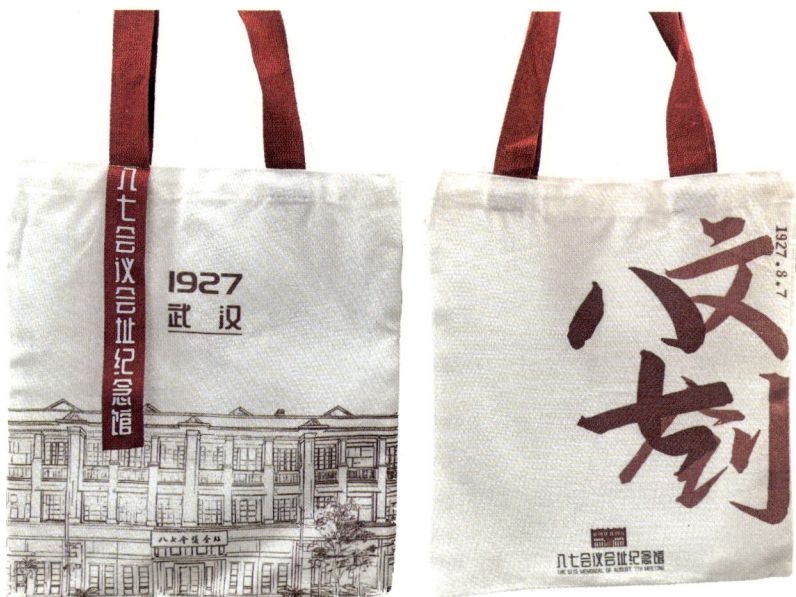

"八七印记"帆布袋

"八七印记"折扇：这是一款结合红色文化元素和传统手工艺的文创产品。它不仅具有实用功能，还承载着传承红色文化、弘扬革命精神的重要意义。此款产品选用纪念馆浮雕墙——八七会议的情景作为设计元素，八七会议在1927年炎热的夏天秘密召开，折扇在为人们带来凉爽的同时，也可以让人们铭记这段历史。

"八七印记"折扇

2. "馆藏文物"系列文创

《聆听历史的声音》"馆藏文物"系列明信片，采用300克哑粉纯质纸制作，规格为171mm×115mm，共7张。本套文创产品的创意来源于八七会议会址纪念馆的馆藏文物，其中包括纪念馆国家一级、二级、三级文物以及国家重点保护文物。这些明信片以馆藏文物和重点文物为表现内容，延伸其背后的红色革命历史，让观众能够更深入地了解八七会议及部分八七会议代表。在创新设计的过程中，除了明信片的美观考量外，还充分融合了八七会议会址纪念馆的特征以及整体性。设计理念是想通过这段红色革命历史让更多人从一个全新的角度去学习红色历史、铭记党的历史足迹。

《聆听历史的声音》"馆藏文物"系列明信片

3."青春之光"系列文创

"青春之光"系列文创以革命时期的爱国青年为素材，讲述了在风雨如晦的革命年代，正是青年的觉醒，点燃了民族复兴的星星之火，谱写了可歌可泣的青春赞歌。该系列文创在线上、线下同步推出，以卡通IP形象"小七""小八"为主体，设计推出"小七小八的日常"微信表情包，包含"不忘初心""为人民服务""奋发图强""我们是共产主义接班人"等动态表情，通过活泼有趣又极富内涵的卡通形象，将红色文化融入日常生活，让红色基因深植人们心中。

"青春之光"系列文创中的八七会议
会址纪念馆 IP 卡通形象

与此同时，纪念馆将"奋斗吧！少年"八七会议会址纪念馆 IP 卡通形象做线下文创开发利用，制作卡通钥匙扣、学习文具袋以及文化衫，使红色文化可知可感、可亲可近，激发青少年主动学习、探寻革命历史的兴趣。

"青春之光"系列文创中的钥匙扣

文创产品如今已成为文博场馆探索文创融合与创新的突破口和新亮点。红色文创守正创新、提质升级已然成为新时代革命文物工作的一个重要方面。八七会议会址纪念馆作为全国爱国主义教育基地，秉持"深挖馆藏文物资源，传承好红色基因，让革命文物活起来"的文创宗旨，打造红色文创品牌，探索创新适合纪念馆特色的红色文创道路。

（二）搭建多路径的文创产品营销体系

纪念馆文创产品采用的经营模式是在接待处设销售柜台，文创产品主要以开展各类活动的赠送为主，销售为辅。由于本身的销售渠道有限，建立营销渠道的资金有限，纪念馆联合社会力量，采取与街道、企业合作的方式，拓宽营销的途径，开展艺术市集，打造数字文化创新基地。

2023年9月，由共青团江岸区委员会、武汉市江岸国有资产经营管理有限责任公司及一元街道指导的黎黄陂路数字文化创新基地设计师首展暨自成一派艺术市集在汉口文创谷历史文化风貌街区黎黄陂路步行街成功举办，吸引了许多青年艺人、文创达人、手工匠人、非物质文化遗产传承人，在江岸创新创业的青年代表、辖区企业代表、相关产业青年人才代表等纷纷前来。纪念馆展出的红色文创是对红色历史的致敬，引起了人们的情感共鸣，一经亮相便受到广泛关注。

纪念馆"在博物馆遇见美好生活"文创展示区的展位

　　优秀的红色文创不仅是理解党史的一扇窗，也是建立情感联系的一座桥。纪念馆已开发了多款满足大众需求、贴近大众消费水平的文创产品，以后将继续秉持贴近群众的实际道路，将红色文化融入日常生活中，有计划地、持续性地推出新的文创产品，满足广大群众日益增长的红色文化需求。

图书在版编目（CIP）数据

八七会议会址纪念馆 / 《八七会议会址纪念馆》编写组编. -- 北京：学习出版社，2025．2． --（"全国爱国主义教育示范基地巡礼"系列图书）. -- ISBN 978-7-5147-1272-8

Ⅰ. K878.2

中国国家版本馆CIP数据核字第20245899D3号

八七会议会址纪念馆
BAQI HUIYI HUIZHI JINIANGUAN

本书编写组　编

责任编辑：夏　静
技术编辑：刘　硕
装帧设计：映　谷

出版发行：学习出版社
　　　　　北京市崇外大街11号新成文化大厦B座11层（100062）
　　　　　010-66063020　010-66061634　010-66061646
网　　址：http://www.xuexiph.cn
经　　销：新华书店
印　　刷：河北鹏润印刷有限公司

开　　本：710毫米×1000毫米　1/16
印　　张：9.25
字　　数：95千字
版次印次：2025年2月第1版　2025年2月第1次印刷

书　　号：ISBN 978-7-5147-1272-8
定　　价：48.00元

如有印装错误请与本社联系调换，电话：010-66064915